Vida e morte da Antropofagia

Raul Bopp

Vida e morte da Antropofagia

Apresentação
Régis Bonvicino

2ª edição

JOSÉ OLYMPIO
EDITORA

Observação: Os textos de Raul Bopp desta edição, com exceção do capítulo "Magicismo do universo amazônico num poema" foram publicados, esparsamente, entre 1965/66, em jornais ou em livros de tiragens reduzidas.

EDITORA JOSÉ OLYMPIO LTDA.
Rua Argentina, 171 – 1º andar – São Cristóvão
20921-380 – Rio de Janeiro, RJ – República Federativa do Brasil
Tel.: (21) 2585-2060 Fax: (21) 2585-2086
Printed in Brazil / Impresso no Brasil

Atendemos pelo Reembolso Postal

ISBN 978-85-03-00995-9

Capa: Isabella Perrotta / Hybris Design

CIP-Brasil. Catalogação-na-fonte
Sindicato Nacional dos Editores de Livros, RJ.

Bopp, Raul, 1898-1984
B716v Vida e morte da Antropofagia / Raul Bopp; apresentação de Régis Bonvicino. – 2ª ed. – Rio de Janeiro: José Olympio, 2008.
(Sabor literário)

Apêndice: Manifesto Antropófago
ISBN 978-85-03-00995-9

1. Literatura brasileira – Século XX – História e crítica. 2. Modernismo na literatura. I. Título. II. Série.

CDD – 869.909
08-4596 CDU – 821.134.3(81).09

SUMÁRIO

Apresentação: Antropofagia: oitenta anos 7
Rascunho autobiográfico 17
Bibliografia de Raul Bopp 25

Pontos de vista sobre a Semana de Arte Moderna 31
Vida e morte da Antropofagia 49
Magicismo do universo amazônico num poema 81
Inventário da Antropofagia 99
Iperungaua 103
"Brasil, choca o teu ovo..." 107
Ambiente literário em 1922 109
São Paulo 117

Manifesto Antropófago 127
Tupy or not tupy, ainda a questão —
por Maria Amélia Mello 141

APRESENTAÇÃO

ANTROPOFAGIA: OITENTA ANOS

O Movimento Antropofágico teve três personagens principais: a artista plástica Tarsila do Amaral (1886-1973), então casada com Oswald de Andrade, o próprio poeta e romancista Oswald de Andrade (1890-1954), e o poeta Raul Bopp (1898-1984). A primeira fase do movimento, inaugurado com o "Manifesto Antropófago", de 1928, de lavra de Oswald, com idéias de Tarsila, veiculou-se por uma revista mensal, a *Revista de Antropofagia*; e a segunda, em uma página do extinto *Diário de São Paulo*, conhecida como "Antropofagia Brasileira de Letras", a partir de 29 de agosto de 1929. O jornalista Geraldo Ferraz explica: "Em 1929, houve a cisão, surgindo em uma simples página de jornal a segunda fase, onde emergia uma grande radicalização, com a saída de Mário de Andrade. Na primeira fase, ninguém gostava de fazer um movimento político-sociológico [...]. Ficaram uns poucos como Raul Bopp e Oswald de Andrade." Aliás, anoto que, neste 2008, *Macunaíma* tornou-se igualmente octagenário.

Enquanto revista, o movimento publicou poemas de Murilo Mendes (1901-1975) e o importante "Anedota Búlgara", de Carlos Drummond de Andrade (1902-1987) — o maior poeta brasileiro de todos os tempos: "Era uma vez um czar naturalista/ que caçava homens// Quando lhe disseram que também/ se caçam borboletas/ e andorinhas,/ ficou muito espantado/ e achou uma barbaridade." Na página do jornal, publicou-se o estudo da tela *Abaporu* [*O Antropófago*], de Tarsila do Amaral, até hoje uma artista plástica insuperável. Chamo a atenção para duas afirmações do "Manifesto": "Contra todos os importadores de consciência enlatada. A existência palpável da vida." Hoje, o Brasil importa cultura de massas, despreza, por exemplo, a cultura erudita norte-americana (cultura crítica), e importa também "consciência" enlatada no campo da arte, no qual se vive momento epigonal. "A existência palpável da vida" significa curiosidade, invenção, o que nos falta.

Vida e morte da Antropofagia é documento literário relevante para a compreensão do Movimento Antropofágico de 1928 e também para a inteligência da gênese do poema "Cobra Norato", do próprio Bopp, autor para o qual vale a máxima "o menos é mais". Escreveu (na verdade, reescreveu ao longo de sua vida) "Cobra Norato", em 1928 (cuja edição saiu com capa de outro antropófago, Flávio de Carvalho), um dos mais importantes poemas do século XX brasileiro, e meia centena de poemas dispersos, desiguais. Neste *Vida e morte da Antropofagia* — único relato sobre o movimento, prosa memorialística, fragmentária, às vezes precária e até mambembe, todavia coesa em suas idéias — repassa, na condição de testemunha ocular, a Semana de Arte Moderna de 1922:

> Enquanto Paris se agitava dentro de novas correntes culturais, no Brasil, somente algumas poucas áreas eram sensíveis a essa inquietação. Pressentia-se, em vibrações vagas, a necessidade de substituir a expressão artística por formas mais evoluídas. São Paulo, em problemas de arte, permanecia ainda num velho conformismo, amarrado a formas antiquadas, em contradição com sua pujança econômica.

Tratava-se, observo, de traduzir a pujança econômica da elite de então, que "ia e vinha todos os anos da Europa", em "arte moderna", para servi-la — em outras palavras, ruptura com permissão da corte —, contradição que a Antropofagia tentaria, seis anos mais tarde, superar.

Vem-me à tona, quando penso sobre o modernismo brasileiro, uma fotografia do Viaduto do Chá, de São

Paulo, de meados dos anos 1920. Seis carros transitam nele, sob um imenso e desproporcional letreiro da Chevrolet, equivalente ao tamanho de três veículos; a seu lado, vê-se um *outdoor* da Oldsmobile, afixado na lateral de um prédio — já em estilo mistura adúltera de tudo. O Vale do Anhangabaú está ermo, interiorano, com carros estacionados em suas duas calçadas. A propaganda e o americanismo do norte chegaram antes do consumo, antes mesmo da própria cidade. Essa imagem, ainda, anuncia seu caos futuro e denuncia a despreocupação da elite local, exceto de Oswaldo e de Tarsila, com os temas verdadeiramente modernos. Lembro-me, de pronto, quando penso no Centro (hoje velho) de São Paulo, de um poema intitulado "pai negro", de Oswald: "Cheio de rótulas/ Na cara nas muletas/ Pedindo duas vezes a mesma esmola/ Porque só enxerga uma nuvem de mosquitos." Rótula significa janela, provida de um anteparo, feito de pequenos sarrafos, predecessora das persianas modernas. No texto, quer dizer que a personagem — aleijada — está cheia de feridas e chagas, com muleta velha, arranhada pelo desgaste. O poema não é ainda "antropofágico" estrito senso (está em *Pau Brasil*, de 1924) mas dialoga com *A negra*, de 1923, de Tarsila do Amaral, no qual os enormes beiços da escrava liberta saltam da tela, que traz ao fundo um quadro geométrico de Ferdinand Léger (1881-1955), ironizando-o, para distinguir o Brasil do limpo vanguardismo europeu.

Bopp não escapa da ideologia evolucionista das vanguardas — há muito criticada em termos teóricos — quando relata a gênese da Semana, talvez influenciado por ela mesma, mas vai se redimir desse "pecado venial", quando anota sua participação no Movimento Antropofágico:

> A reação modernista de 1922 desviou-se das formas habituais de expressão. Aproveitou alguns fragmentos folclóricos, com uso de falas rurais. Desencadeou uma forte reação contra o mau gosto. Destruiu inutilidades. Mas seus dividendos nas letras e nas artes eram muito reduzidos. Não haviam trazido um pensamento novo, capaz de condensar as preocupações do momento. Com o retorno aos valores nativos, remexeram-se os mesmos temas nacionais refundidos em poesia ociosa.

Poesia e pensamentos "ociosos", ou seja, decorativos, que seriam alvo dos antropófagos, implacáveis.

O Movimento Antropofágico articulou-se precipuamente para pensar um Brasil descolonizado e independente, que tomava de assalto as letras do *outdoor* da Chevrolet, incensado pelos modernistas de "mera casca literária" (expressão de Bopp), para transformá-las em: "Contra o Padre Vieira. Autor de nosso primeiro empréstimo, para ganhar comissão" ("Manifesto Antropófago", de Oswald de Andrade). Ou, em "Monjolo", poema de

Bopp, geométrico, paratático, composto de oito versos, entrecortados por um refrão violento, que dialoga com a tela *A negra* e com o poema "pai negro":

> Fazenda velha Noite e dia
> *Bate-pilão*
> Negro passa a vida ouvindo
> *Bate-pilão*
> Relógio triste o da fazenda
> *Bate-pilão*
> Negro deita Negro acorda
> *Bate-pilão*
> Quebra-se a tarde Ave Maria
> *Bate-pilão*
> Chega a noite Toda a noite
> *Bate-pilão*
> Quando há velório de negro
> *Bate-pilão*
> Negro levado para a cova
> *Bate-pilão*

"Monjolo", escrito entre 1925 e 1927, é o melhor poema de Bopp, depois de "Cobra Norato" (poema antropófago também), muito superior ao famoso "Coco", no qual celebra Pagu (Patrícia Galvão, escritora), figura presente nos *open houses* antropofágicos do casal Tarsila e Oswald, como ele mesmo narra em *Vida e morte da*

Antropofagia. O refrão é destacado em itálico por representar a voz do capataz. O tempo, "moderno", é marcado em "relógio". O verso "Quebra-se a tarde Ave Maria" insinua surra levada pelo negro liberto. Os versos podem ser entendidos como de oito sílabas, como sugere o refrão de quatro. Esse poema não o levaria a Mário, mas obrigatoriamente à Antropofagia.

Bopp relata que o Movimento Antropofágico "oficializou-se" durante um jantar, em um restaurante especializado em rãs, no bairro paulistano de Santana:

> Quando, entre aplausos, chegou o prato com a esperada iguaria, Oswald levantou-se, começou a fazer o elogio da rã, explicando, com uma alta percentagem de burla, a doutrina da evolução das espécies. Citou autores imaginários, os ovistas holandeses, a teoria dos homúnculos, para provar que a linha da evolução biológica do homem (...) passava pela rã — essa mesma rã que estávamos saboreando entre goles de um Chablis gelado.
>
> Tarsila interveio:
>
> — Com esse argumento, chega-se teoricamente à conclusão de que estamos sendo agora uns... quase-antropófagos.

Esse livro revela a força da interação Tarsila-Oswald, que, quando desfeita, afetou — como artistas — os dois. Bopp descreve Oswald, segundo ele o ponta de lança de

Tarsila, como "um tipo de paladino, destemido, inconformado diante de um mundo em plena expansão, servido por uma arte que não correspondia às suas exigências [reaparece aqui certo apego ao evolucionismo por parte de Bopp/Andrade]. Por isso, provocava. Atacava. Defendia. [...] Era ávido de renovações". Já Mário era, para ele, figura sóbria: "A sombra do professor do Conservatório Musical estava sempre a seu lado. [...]. Era solteirão, morigerado e sem estroinices. Vivia pacatamente com as tias. Houve época em que ele acompanhava a procissão de vela na mão." Explica que a Antropofagia afastou os dois Andrades, em virtude de Mário sentir-se "satisfeito com a popularidade que lhe coube no inventário da Semana", considerada insatisfatória por Oswald, que buscava o Brasil "de enlaces profundos".

Depois do "*changé de dames* geral" que separou o casal Tarsila e Oswald — este a trocou por Pagu (a musa *teen*) pouco antes do Congresso Antropofágico, agendado para outubro de 1928, em Vitória, no Espírito Santo, que não se realizou) —, para Bopp, o legado do movimento foi: "Com suas sátiras audaciosas, provocou uma derrubada de valores, de mera casca literária, sem cerne. Sacudiu hierarquias inconsistentes. Assinalou uma época." Bopp registra todos os planos do movimento desde o de estimular uma religião própria, antropofágica (indígena, negra e branca), ao de criar um dicionário. Ele registra algumas dessas palavras no livro, criticando a gramática portuguesa, num tom poético: "Carregou-se o casco do vocábulo com acentos de toda a espécie." "Mironga" ou charme indecifrado, e "sombra", invenção dele mesmo, para aquele que estivesse "com os olhos entupidos de escuro". Nunca é demais lembrar que o poema "No meio do caminho", de 1928, de Carlos Drummond de Andrade, foi publicado pela primeira vez pelo Movimento, na *Revista de Antropofagia*, sua publicação mensal desde maio de 1928, que depois migrou para uma página do *Diário de São Paulo*, no qual findou, após estampar em letras garrafais, sob o título SUBORNO, o seguinte trecho da Bíblia — em poema *ready-made* anônimo: "Em verdade, se fizerdes o que vos digo, no dia do Juízo Final estareis comigo no Paraíso."

Cabe destacar que Bopp — um bisneto de alemães — foi o primeiro poeta brasileiro a trazer a Amazônia para o centro das atenções. Fez parte do curso de Direito em Belém, para ganhar proximidade com a floresta: "O romanceiro amazônico, de uma substância poética fabulosa, com o mato cheio de ruídos, misturado com a pulsação das florestas insones, não podia se acomodar num perímetro de composições medidas." Declara, no livro, que a experiência o marcaria para toda a vida. Há o "Cobra Norato" poesia e há também o "Cobra Norato" antropofagia, que, de modo pioneiro, soletrou a floresta

Amazônica para o Rio de Janeiro e para São Paulo: "Esta é a floresta de hálito podre/ parindo cobras// Rios magros obrigados a trabalhar." Há um Bopp múltiplo, que permanece imprescindível — embora sem o protagonismo seminal de Oswald e Tarsila.

Régis Bonvicino

RASCUNHO AUTOBIOGRÁFICO

OS BOPP

Meu bisavô era alemão. Morava nas imediações de Manheim (Bishofen). Com certeza, ao ver as águas do Reno correrem para o Atlântico, teve um dia a idéia de tomar essa mesma direção.

A velha Europa estava ainda mal refeita do seu estado caótico. As guerras napoleônicas tinham deixado fundas marcas de desolação, notadamente na região renana. Pequenos reinos vassalos, fracionados com concessões territoriais, ficaram inteiramente depauperados. A paz estava continuamente perturbada pelas forças políticas dominantes.

Dentro desse quadro histórico, com um cansaço das guerras, gerou-se entre gentes de trabalho, fora dos clãs militares, um anseio de vida nova, um desejo de evasão dessa atmosfera pesada de inquietações. Foi nessa situação que o meu bisavô de nome Leonardo, ainda solteiro, articulou-se ao conjunto de 550 alemães, organizados em grupos, que vieram, à sua custa, logo após a proclamação da nossa Independência, se instalar no Rio Grande do Sul. Leonardo veio no primeiro grupo de 471 famílias, que chegou ao Brasil, em julho de 1824, na sumaca *São Joaquim Protector* — pequeno veleiro de dois mastros, que era o tipo de embarcação comum, numa época em que mal se esboçavam os primeiros ensaios da Revolução Industrial.

Na província do Rio Grande a família Bopp criou raízes. Os seus elementos adestraram-se nas condições ambientes, com iniciativas oportunas. Alguns dos seus descendentes dedicaram-se à criação de gado. Meu avô, em São Martinho, no município de Santa Maria, era conhecido pela sua perícia no manejo do laço e das boleadeiras. Os que tinham experiência em química, como meu pai, consagraram-se à indústria do couro e curtume. Mais tarde, um ramo da família ensaiou, com êxito, plantações de arroz. Um outro multiplicou suas atividades no cultivo da cevada. O único Bopp que teve emprego público fui eu.

Pelo lado materno, minha família procedia dos Kroeff, chegados posteriormente (1845) da Alemanha, da comunidade de Merl, conforme dados que Mario Kroeff (*Imagens do meu Rio Grande*) obteve em Koblenz, para compor a árvore genealógica da família. Eram conhecidos vinhateiros que, durante alguns séculos, fabricavam o famoso vinho Mosela Crover Nacktasck ("Bunda de Fora"). Mas devido às intermináveis disputas franco-alemãs sobre a Alsácia-Lorena, decidiram vender a propriedade, de antiga tradição, aos Kiliam Mullers, e embarcaram para o Brasil no navio *Hortênsia*, levando, com as esperas em pontos intermediários, vários meses no trajeto Bremen-Rio-Porto Alegre-São Lourenço (antigo Porto das Telhas), à margem do rio dos Sinos.

Os Kroeff se compunham de quatro irmãos: Lourenço, que adquiriu os campos da Fazenda Porteirinha, em São Francisco de Paula de Cima da Serra; Jacob, que estabeleceu um hotel em Novo Hamburgo (que hospedou Pedro II, na sua viagem ao Rio Grande); Emília, viúva do barão de Dusseldorf (que adquiriu propriedade em Santa Catarina) e meu avô Miguel, que instalou-se no Pinhal, em terras próximas à estrada de ferro, que tinha um ponto de embarque denominado Parada Kroeff. O casarão colonial de moradia era rodeado de uma longa taipa de pedra, à beira de um riozinho, com árvores ornamentais e frutíferas. Possuíam alguns escravos, que eram tratados dentro das normas de convivência humana, nas lides de trabalho. Minha mãe fazia versos em alemão.

INFLUÊNCIA DO MEIO GEOGRÁFICO

Nascido em Pinhal, município de Santa Maria, criei-me em Tupanciretã, zona campeira. Meu espírito se formou dentro dos quadros rurais. Aquela paisagem dilatada, de horizontes livres, sem mistérios, terá certamente deixado em mim traços marcantes. Ela responde a uma relação espacial do homem com as distâncias. Delineou componentes sentimentais. Recolhi as primeiras emoções poéticas, de marca local, em sonetos de armação medíocre. Era um desejo natural de dizer coisas, sem preocupações literárias.

Mais tarde, em Porto Alegre, quando iniciei os estudos acadêmicos, procurei seguir, sem sucesso, a trilha dos mestres regionalistas. Cheguei mesmo a fazer parte do *Grupo dos Cinco*, com Figueiredo Pinto, André Carrazoni, Olmiro Azevedo e Márcio Dias. Mas, no fundo, o que eu gostava mesmo era dos nossos poetas românticos: o velho Zeferino, Marcelo Gama, Wamosi, Eduardo Guimarães. Fora do Rio Grande, continuei fazendo versos, de ressonâncias líricas, que nunca reuni em volume.

INTERESSE EM CONHECER O BRASIL

Como se sabe, fiz cada ano do curso de Direito em uma diferente Academia. Iniciei no Sul. Cursei o terceiro ano no Recife, o quarto em Belém do Pará, o quinto no Rio de Janeiro. Pude, dessa forma, conhecer um pouco do Brasil, especialmente o Norte. Viajava sempre que podia, para assistir festas folclóricas. Fazia exames na segunda época.

AMAZÔNIA

Ao chegar na Amazônia, senti que estava ante um cenário completamente diferente, de uma violência desconcertante. A linha constante de água e mato era a moldura de um mundo ainda incógnito e confuso. A impressão que me causava o ambiente, na sua estranha brutalidade, escapava das concordâncias. Era uma geografia do mal-acabado. As florestas não tinham fim. A terra se repetia, carregada de alaridos anônimos. Eram vozes indecifradas. Sempre o mato e a água por toda a parte.

Depois de algum tempo, em freqüente contato com a selva, adivinhando seu sentido mágico, comecei a acreditar em coisas que me contavam: causos do Minhocão, gênios maus da floresta, o Curupira, o Caapora, o Mapinguary. Os pontos de encontro de canoas, por exemplo, em Pacoval, onde, à tardinha, pousam velas vigilengas, como pássaros cansados, era o local de se ouvir histórias da região. Canoeiros, de pés no chão, confraternizavam, uns com outros, entre os cuités de cachaça. Cada um contava os seus causos.

O romanceiro amazônico, de uma substância poética fabulosa, com o mato cheio de ruídos, misturado com a pulsação das florestas insones, não podia se acomodar num perímetro de composições medidas. Os moldes métricos fracionados serviam para dar expressão às coisas do universo clássico. Mas deformam ou são insuficientes para refletir com sensibilidade um mundo misterioso e obscuro em vivências pré-lógicas. Precisava-se, por isso, romper com as limitações da processualística do verso, ensaiar qualquer coisa em novas escolas de formas (à maneira da vida vegetal, espontânea), em linguagem solta, em moldes rítmicos diferentes.

A estada de pouco mais de um ano na Amazônia deixou em mim assinaladas influências. Cenários imensos, que se estendiam com a presença do rio por toda parte, refletiam-se com estranha fascinação no espírito da gente. A floresta era uma esfinge indecifrada. Agitavam-se enigmas nas vozes anônimas do mato. Inconscientemente, fui sentindo uma nova maneira de apreciar as coisas. A própria malária, contraída em minhas viagens, acomodou meu espírito na humildade, criando um mundo surrealista, com espaços imaginários. Ensaiei, nessa época, além do esboço da "Cobra Norato", alguns poemas avulsos: "Mãe Febre", "Pântano", "Sapo", "Cidade Selvagem". Procurei restituir, em versos, impressões recolhidas em minhas andanças na região. Senti claramente o desgaste das antigas formas poéticas, de vibrações silábicas em uso. Elas foram sendo substituídas por maneiras de dizer mais simples, em novos moldes literários. Com a minha vivência na Amazônia, de profundidades incalculáveis, fui pouco a pouco aprendendo a sentir o Brasil, com o seu sentido mágico desdobrado na sua totalidade.

BIBLIOGRAFIA DE RAUL BOPP

Poesia

Edições de *Cobra Norato*

1ª — São Paulo, 1931. Edição promovida por Jaime Adour da Câmara e Alberto Pádua de Araújo. Estabelecimento Gráfico Irmãos Ferraz. Rua Tobias Barreto, 28. Capa de Flávio de Carvalho. Tiragem: 2.600 exemplares.

2ª — Rio de Janeiro, 1937. Edição Ilustrada. Comissão organizadora da edição: Luiz Vergara, José de Queirós Lima, Anibal Machado, Carlos Echenique e Carlos A. Leão. Ilustrações de Oswaldo Goeldi. Composição a cargo de Mateus di Monaco. Impressão por Armando di Monca. Tiragem: 150 exemplares numerados.

3ª — Zurique, 1947. Edição publicada pelo autor, sob o título de *Poesias*. Oficinas Gráficas Orel Fussli A. G. Dietzingerstrasse, 3. Capa de Zoltan Kemeny. Tiragem: 500 exemplares.

4ª — Rio de Janeiro, 1951. Edição promovida por Augusto Meyer. Oficinas de Bloch Editores Ltda, rua Frei Caneca, 511. Capa de Zoltan Kemeny. Tiragem: 1.000 exemplares.

5ª — Barcelona, 1954. Edição preparada por Alfonso Pinto. Editora Dau al Set. Impresso em Gráficas Fomento, Calle Casanova, 57. Vinheta de Juan Miró. Tiragem: 1.000 exemplares.

6ª — Rio de Janeiro, 1956. Edição da Livraria São José Ltda. Foram incluídos alguns poemas do livro *Urucungo,* publicado em 1932, pela Ariel Editora Ltda. Capa de Aldemir Martins. Tiragem: 1.000 exemplares.

7ª — Rio de Janeiro, 1967. "Antologia Poética", com prefácio de M. Cavalcanti Proença. Edição da Gráfica Editora Leitura S.A., rua das Marrecas, 40/3º andar. Tiragem: 2.000 exemplares.

8ª — Rio de Janeiro, 1969. O poema está incluído na parte de poesias do livro *Putirum,* com nota explicativa de Macedo Miranda. Edição da Gráfica Leitura S.A., rua das Marrecas, 40/3º andar. Capa de Sérgio Bopp. Tiragem: 3.000 exemplares.

9ª — Rio de Janeiro,1973, seguido de *Outros Poemas,* com nota introdutória de Antônio Houaiss e ilustrações de Poty. Editora Civilização Brasileira, rua da Lapa, 120/12º andar. Montagem de Capa de Dounê. Tiragem: 2.000 exemplares.

10ª — Rio de Janeiro, 1975, seguido de *Outros Poemas,* com nota introdutória de Antônio Houaiss e ilustrações de Poty.

Editora Civilização Brasileira, rua Muniz Barreto, 91-93, em convênio com o Instituto Nacional do Livro/MEC. Montagem de capa de Dounê. Tiragem: 3.000 exemplares.

11ª — Rio de Janeiro, 1976, seguido de *Outros Poemas,* com nota introdutória de Antônio Houaiss e ilustrações de Poty. Editora Civilização Brasileira, rua Muniz Barreto, 91-93. Montagem de capa de Dounê. Tiragem: 5.000 exemplares.

12ª-16ª edições publicadas pela editora Civilização Brasileira.

A partir da 17ª edição (1994), é publicado pela editora José Olympio.

Urucungo. Poemas negros. Publicação promovida por Jorge Amado, Luiz Vergara, Manlio Giudice, Danton Coelho e Carlos Echenique Jr. Ariel Editora: Rio de Janeiro, 1932.

Prosa

América (Folheto). Los Angeles: Commonwealth Press, V.S.A., 1942.

Notas de viagem (Uma volta pelo mundo). Berna: Druck Stampfli & Cia, 1960.

Notas de um caderno sobre o Itamarati. Berna: Druck Stampfli & Cia, 1960.

Movimentos modernistas no Brasil. Rio de Ianeiro: Livraria São José, 1966.

Memórias de um embaixador. Rio de Janeiro: Record, 1968.

Putirum: Poesias e coisas de folclore. Edição organizada por Macedo Miranda. Rio de Janeiro: Editora Leitura S.A, 1969.

Coisas do Oriente. Edição promovida por Joaquim Inojosa. Rio de Janeiro: Gráfica Tupi Ltda., 1971.

Bopp passado a limpo por ele mesmo. Rio de Janeiro: Gráfica Tupi Ltda., 1971.

Samburá: notas de viagens e Saldos literários. Brasília: Editora Brasília, 1973.

Longitudes: crônicas de viagens. Porto Alegre: Editora Movimento, 1980.

EM COLABORAÇÃO

Caminho para o Brasil, com Américo R. Neto e Donald Derrom. São Paulo: Ed. da Associação Paulista de Boas Estradas, 1928.

Geografia mineral, com José Jobim. Tóquio: Ed. Kokusai, Shuppan Insatsusha, 1938.

Sol e banana, com José Jobim. Tóquio: Ed. Kokusai Shuppan, Insatsusha, 1938.

Vida e morte da Antropofagia

PONTOS DE VISTA SOBRE A SEMANA DE ARTE MODERNA

EVOLUÇÃO DO PENSAMENTO MODERNO

A arte moderna veio de longe, seguindo os caminhos da máquina. Relacionou-se com o processo técnico, num contínuo encadeamento de causas e efeitos. Foram surgindo, conseqüentemente, problemas de representação plástica das mais variadas formas.

Numa primeira fase, procurou-se representar o objetivo dentro de formas geométricas puras. A realidade ficou reduzida a um tipo de natureza-morta, com a supressão da atmosfera envolvente. Desse tipo de cezanismo, com formas geometrizadas, alcançou-se gradativamente o *Cubismo,* de caráter estático, chamado também "pintura a duas dimensões", isto é, pintura de volumes em superfícies planas, com decomposições de objeto.

Quase ao mesmo tempo, surgiu, na Itália, o *Futurismo,* em perfeita concomitância com a máquina. Trouxe consigo realizações plásticas fascinantes, com a predominância de formas dinâmicas, de alto valor expressivo. O seu ruído, de caráter polêmico, teatral, declamatório, acordou o interesse público internacional para os problemas de arte moderna.

O *Expressionismo* teve as suas raízes no início do século (1903 em Dresde; 1906 em Berlim, com o grupo *Die Brucke,* e alongou-se até a faixa de 1920). Fiel aos seus fundamentos de "expressar sentimentos", o movimento veio recolhendo tendências plásticas diversas. Enriqueceu-se com experiências novas. Algumas fases da sua evolução se caracterizam com integrações exóticas. Cores vibrantes invadem as telas, com erupções desbordantes. Quebram-se estruturas, envolvidas em massas convulsas. O *Expressionismo* toca profundidades. Nele predominam, geralmente, as formas trágicas. Um ensaísta francês classificou-o de "um simples *fauvismo* mais violento".

Quando veio a guerra (1914), as forças de destruição refletiram-se, necessariamente, no espírito da geração montparnasiana. Esta, numa fúria vanguardista, conduzia as novas representações plásticas no caminho da desagregação. A arte espelhava um mundo convulso tocado de angústia humana, com dramas profundos e arrasado pelo choque de massas brutas.

O grupo *Dadá* (composto, em parte, de subartistas apátridas, refugiados num Cantão suíço, em 1916) aproveitou-se da confusão para fazer uma tábula rasa de valores. Do Café Voltaire, em Zurich, os dadaístas soltavam manifestos. Proclamavam, arrogantemente, a antiarte. As suas demonstrações levavam, geralmente, à tônica de sarcasmo ou burla. Nas revistas do grupo (*391, Canibale*), entretinham-se em elogios dos cataclismos. Exaltavam, com um sentido anarquista, as formas homicidas.

Este movimento, com as heranças da guerra, derivou, mais tarde, para o *Surrealismo* (registrado por alguns críticos como filho bastardo de *Dadá*). Reduziu o mundo real ao imaginário com aspirações obscuras. Fechou parênteses às idéias cartesianas, que ainda prevaleciam nas letras e nas artes. "O homem não é mais prisioneiro da sua razão" (André Breton). Abriu portas ao subconsciente, para a fermentação de idéias intuitivas. Esfinges interrogando interioridades humanas.

PARIS

Paris, o centro magnético da Europa, agitava-se, direta ou indiretamente, com essa multiplicidade de escolas.

Manifestações nos domínios da arte, por vários cantos do mundo, tinham seus reflexos na grande cidade.

Essa situação se repetia desde as primeiras tentativas de arte moderna, em busca de maior poder expressivo.

Nessa fase de inquietações, nos começos do século, os cafés da *rive gauche* animavam-se em controvérsias teóricas. Os artistas discutiam idéias que resultavam de novas experiências plásticas. Telas do grupo de vanguarda eram recusadas pelo Salão Oficial. A crítica consagrava artistas, sob um jogo de influências. Mas as novas teorias iam ganhando terreno. Algumas escolas iam caindo em descrédito. Cediam lugar a outras, em transformações contínuas.

CONTRADIÇÕES

Enquanto Paris se agitava dentro de novas correntes culturais, no Brasil somente algumas poucas áreas eram sensíveis a essa inquietação. Pressentia-se, em vibrações vagas, a necessidade de substituir a expressão artística por formas mais evoluídas.

São Paulo, em problemas de arte, permanecia ainda num velho conformismo, amarrado a formas antiquadas, em contradição com a sua pujança econômica. Guardava posições acadêmicas, numa rigorosa sujeição aos preceitos rotineiros.

Os andaimes se projetavam, cada vez mais altos. As chaminés afirmavam a sua força industrial, pelos setores urbanos. Mas o espírito moderno (no período anterior a 1922), em suas tímidas vacilações, não havia penetrado nos seus hábitos de atividade, em sintonia com a sua evolução material. Estava embrionário. Ocultava-se, entre resíduos passadistas, vago e desajustado.

DARIUS MILLAUD

Por volta do ano 1917, em plena guerra, veio ao Brasil, como Enviado Plenipotenciário, Paul Claudel, para cuidar dos interesses da França (arrendamentos de navios confiscados da Alemanha; transações de café com a firma Prado Chaves etc.).

Veio, com ele, Darius Millaud, como adido cultural da Missão. De chegada, Millaud tomou carinho pelas coisas brasileiras. Fascinou-se pelas formas tropicais. Em horas vagas, fazia excursões com Claudel pelas Paineiras, Tijuca, imediações do largo do Boticário e pelo Jardim Botânico. Encheu os quintais da Embaixada, à rua Paissandu, com folhagens de plantas exóticas. Amigos lhe arranjaram uma coleção de araras e tucanos. Nas suas relações com gente jovem e de instinto boêmio, contagiou-se com músicas de

consigo peças adquiridas, de pintura figurativa ou de correntes abstracionistas. E explicavam aos amigos os princípios básicos desses movimentos. Com as novas tendências plásticas, o artista estava em pleno domínio de expressão, isto é, podia exprimir livremente as suas criações, com maneiras que lhe eram peculiares, emancipado de qualquer formulário estilístico.

IDÉIA DE UM MOVIMENTO MODERNISTA

Uma vez, numa roda de intelectuais, a conversa se espalhou pelos meandros regionalistas, até escorregar numa pergunta:

— Por que é que, em São Paulo, não se passava a limpo aquele "Brasil" de Paris, para dar início a uma renovação geral das artes? Elas estavam completamente subtraídas da atualidade, numa situação desalentadora. Davam uma melancólica sensação de atraso.

Oswald de Andrade denunciava: "Estamos atrasados de cinqüenta anos em cultura, chafurdados em pleno parnasianismo." Graça Aranha, preocupado com a renovação do ambiente literário, dizia: "A nossa literatura está morrendo de academicismo. Não se renova. São os mesmos sonetos, os mesmos romances, os mesmos elogios, as mesmas descomposturas que ouço desde os tempos da fundação da Academia."

O desejo de renovação, que se sentia em alguns setores, coincidia com o plano de Di Cavalcanti, já em entendimentos com Menotti del Picchia (que era a figura de maior destaque do grupo), Guilherme de Almeida e Rubens Borba de Morais, para se realizar, no salão da livraria Jacinto Silva, uma exposição de quadros de van guarda, existentes em São Paulo. A iniciativa abriria caminho para experiências modernistas, que poderiam dar novas raízes ao pensamento brasileiro. Mas, para isso, antes de tudo, era preciso vencer resistências conservadoras, que dominavam o ambiente cultural de São Paulo.

O plano inicial passou das conversas para os fatos. Tomou perspectivas grandiosas. Articularam-se outros elementos, em atitude de ofensiva, para romper esse estado de coisas. A coincidência com o ano do centenário do Ipiranga daria ao Movimento uma significação de autonomia, nas letras e nas artes.

CONCRETIZAÇÃO DO PLANO

Alguns dias mais tarde, reuniam-se num salão do Automóvel Clube, Paulo Prado, Oswald de Andrade, Menotti, Brecheret e Di Cavalcanti, para planejarem, concretamente, a Semana de Arte Moderna, em São Paulo. Em vez da campanha modernista ficar centralizada numa livraria, decidiu-se dar-lhe base em ambiente de maior amplitude, para alcançar uma repercussão adequada. René Thiollier, da direção do *Jornal do Comércio,* de São Paulo, tratou logo de entrar em entendimento com o administrador do Teatro Municipal. Pagou pela semana, de 11 a 17 de fevereiro, a importância de 847 mil-réis.

Paulo Prado foi o primeiro a subscrever a lista das contribuições, arrastando consigo outros nomes, para assegurar o financiamento da iniciativa. Planejou a colocação de frisas e poltronas a elementos mais destacados da sociedade paulista. Com a publicidade nos jornais, formou-se um ambiente de intensa expectativa. Graça Aranha, figura polida de diplomata da velha escola, ainda com um "saldo de juventude", que por motivos pessoais tinha vindo a São Paulo, foi convidado a ocupar a cena de teatro, como conferencista.

TEATRO MUNICIPAL

Na noite da inauguração, o Municipal transformou-se num dos maiores pontos de convergência da cidadc. Filas contínuas de autos despejavam seus ocupantes pelas imediações. Uma onda humana foi-se alinhando, lentamente, pelos corredores do teatro, esgalhando-se em ascensão pelas escadarias. A casa ficou repleta.*

À hora indicada, sob um estrondo de palmas, cortados de silvos e alaridos, Graça Aranha apareceu no palco, para fazer a sua anunciada conferência, sobre a "Emoção estética na obra de arte".

Ao conseguir uma clareira de silêncio, o "ás" do modernismo brasileiro proclamou, com dicção grave, o "estado de insurreição nos domínios da inteligência".

Declarou que era preciso vencer a estagnação em que se encontravam as letras e as artes no nosso país. À medida que ele prosseguia a dissertação, condenando retoriquices que não correspondem mais à época em que vivemos, engrossava-se, também, a onda de apartes. Vozes, nas torrinhas, começavam a cacarejar. O público tomou parte ativa nos debates. A atmosfera foi se carregando. Graça Aranha, que já tinha uma certa experiência com o insucesso de Malazarte, em 1913, no Teatro Femina, em Paris, prosseguia impassível.

Oswald de Andrade, que havia dado pelos jornais umas lambadas em Castro Alves, responsável por muita poesia ramalhuda, de resíduos românticos, leu, debaixo de vaias, trechos do seu romance inédito *Os condenados*.

*Não participei pessoalmente da Semana de Arte Moderna, em São Paulo. Por isso, apenas procurei, com elementos colhidos, ressaltar o sentido de irreverência que nela prevaleceu.

Os participantes do programa, apresentados no palco por Menotti del Picchia, declamaram versos de sabor moderno, de própria autoria ou de poetas ausentes. Mário de Andrade, com um sorriso mandibular, recitou alguns versos de índole satírica, ainda inéditos, da *Paulicéia desvairada*. Sérgio Milliet teve também parte saliente no programa, provocando, da parte do público, relinchos e miados.

No intervalo, fermentavam comentários. Grupos, formados pelos corredores e salas de fumar, reliam programas impressos. O impacto de impressões, nesse primeiro dia da Semana, dava lugar a pontos de vista os mais diversos

VILLA-LOBOS

Quando a maré de espectadores voltou aos seus lugares, a orquestra começou, também, a se localizar junto à ribalta e demais filas do palco. Alinhou-se o conjunto de instrumentos de corda. Depois, os instrumentos de sopro e tambores. Apareceu, em seguida, o material das congadas: tamborim, puíta, ganzá, reco-reco, adufos e o arengueiro. Violinos afinavam as cordas. Alguns músicos ainda corrigiam a posição das cadeiras. A platéia estava rumorejante.

Villa-Lobos, ao aparecer no palco, de batuta na mão, foi entusiasticamente acolhido, por palmas prolongadas. Piadas avulsas prenunciavam discordâncias.

Villa aprumou-se. Deu início à *ouverture*. Depois de um prelúdio de violinos, a massa melódica começou a tomar corpo. Ia e vinha, acompanhada de oboés impertinentes. Os clarinetes respondiam, ora aqui, ora acolá. Num momento de profundeza rítmica, ouviu-se, das galerias, um acorde gaiato de gaitinha de boca, que intrometeu-se no texto musical, glosando um *scherzo*. A platéia desatou-se em gargalhadas.

A orquestra inalterada prosseguia, rompendo barreiras sucessivas, em assaltos retumbantes pela sala. O piano esfaimado deglutia notas. Passou uma rajada de violoncelos, abrindo caminho para um desabafo sonoro de toda a equipe sinfônica.

Em seguida, ocupou a cena musical, num destacado solo, uma folha vibratória de zinco. A torrinha não se conteve. Deu sinal de vaia maciça, com assobios e gritos ululantes. Começou um ruidoso tropel pelas escadas. Já não se ouviam mais os violinos. A orquestra parou. Uma parte da platéia aplaudia freneticamente. Exigia a permanência do maestro no palco. Estrugia um vozerio atordoante. O ruído era de abalar as paredes do teatro.

Villa estava desolado, com a incompreensão ambiente. Depois de 15 minutos de desvairamentos, a direção do Municipal mandou baixar o pano, para pôr um ponto final no espetáculo.

OUTRAS PARTES DO PROGRAMA

A segunda parte do programa realizou-se dois dias mais tarde (15 de fevereiro). No saguão do teatro foram expostos 84 trabalhos modernos, de colecionadores ou dos próprios artistas participantes da Semana. Foi uma apresentação espetacular, de formas ainda inéditas para o público paulista.

Uma massa anônima, de curiosos, se comprimia diante das obras expostas. O impacto das impressões dava lugar a comentários mais diversos. Na opinião de um apreciável número de espectadores, as peças exibidas não passavam de espécimes de "arte degenerada".

A última noite (17 de fevereiro) foi mais calma. Com uma assistência reduzida (meia casa), Villa-Lobos se impôs, integralmente, com um programa mais a gosto do público: *Sonata n.º 2, Farrapos, Kankikis, Kankukus.*

CONSCIÊNCIA DO MOVIMENTO

Passada a fase de alvoroço, provocado pela Semana de Arte Moderna, começou-se a formar uma lenta consciência do Movimento. O impacto de idéias de vanguarda lançou os intelectuais em posições novas. Conseqüentemente, verificou-se, em vários setores, um abandono gradativo dos princípios, que sujeitavam letras e artes aos moldes formais da época.

Iniciou-se um ciclo diferente para a conquista da expressão própria, em ruptura com o conformismo acadêmico.

A evolução era inevitável. Com ela, desenvolveram-se formas embrionárias de um Renascimento brasileiro. Um espírito jovem alastrou-se, com entusiasmo, por vários recantos do país, sob o impulso de ritmos construtivos. Foi um ponto de partida para escritores e artistas irem se buscando, aos poucos, com uma nova compreensão do momento. Embora não tivesse exercido uma influência imediata, o Movimento formou, gradualmente, e com um alcance coletivo, um conjunto de idéias básicas, coerentes com a realidade brasileira.

OS DOZE APÓSTOLOS

Houve quem, num artigo, citasse como os seus "doze apóstolos" os patrocinadores da Semana: Paulo Prado, Alfredo Pujol, Oscar Rodrigues Alves, Numa de Oliveira, Alberto Penteado, René Thiollier, Antônio Prado Júnior, José Carlos de Macedo Soares, Martinho Prado, Armando Penteado, Edgard Conceição e Graça Aranha. Mário de Andrade protestou. Dizia que "estes senhores não pregam religiões", mas "patrocinam apenas uma plêiade de artistas". Os pregadores, na verdade, eram outros, à altura da Semana e no decorrer do Movimento: Graça Aranha, Oswald de Andrade, Mário de Andrade, Manuel Bandeira, Ronald de Carvalho, Guilherme de Almeida, Álvaro Moreyra, Menotti del Picchia, Prudente de Moraes Neto, Antônio de Alcântara Machado, Sérgio Milliet e Sérgio Buarque de Holanda. Também tomaram parte ativa na cruzada modernista Renato Almeida, Rubens Borba de Moraes, Di Cavalcanti, Villa-Lobos, Tácito de Almeida, Plínio Salgado, Luiz Aranha Pereira e Yan de Almeida Prado.

REPERCUSSÕES

O surto de rejuvenescimento nas letras alcançou dimensões nacionais. Os seus reflexos penetraram mesmo em camadas do mundo oficial, propiciando um clima de transformações na vida nacional.

O Chefe do Governo, permeável às idéias modernistas, que traziam no seu conteúdo alguns germens de renovação social, advertiu-se da época. Introduziu leis que mais convinham ao País, de modo a conciliar conveniências e evitar impacto com as forças de esquerda. O aproveitamento da inteligência nos altos quadros do Governo (desatendendo às pressões do coronelismo retrógrado) mudou sensivelmente o panorama político.

Os problemas fundamentais do País foram alcançando soluções intuitivas, completadas, mais tarde, em esquemas de planificação técnica.

Esse processo de transformação, nessas décadas, está, direta ou indiretamente, ligado aos impulsos da corrente modernista de 1922. Os estudiosos da vida cultural brasileira determinarão, com um senso de perspectiva histórica, os méritos que cabem ao Movimento Modernista nessas mudanças de mentalidade nacional.

VIDA E MORTE DA ANTROPOFAGIA

Os que estudam, em grandes linhas, a nossa história literária, dentro dos respectivos períodos, assinalam a falta de identificação das letras com as condições sociais existentes. Em séculos que se seguiram ao Descobrimento, o espírito da metrópole, com uma tirania purista, dominava as parcas elites cultas do País. Cultivava-se a língua de além-mar, num normatismo rígido. Refundia-se o material usado, no propósito de procurar semelhanças com a literatura lusa. Copiavam-se os mesmos figurinos. Não havia um diálogo direto com o ambiente. Por isso, estivemos sempre desacertados das conjunturas sociais.

Fomos épicos, numa fase da vida colonial, em que não havia nada de épico a exaltar. "Eu canto o valoroso Lucidemo..." Fomos líricos com a insurreição mineira. As tropas del-Rei ocupavam a Província. Faziam-se confiscações, deportações, esquartejamentos. O alferes foi condenado a "morrer irrevogavelmente de morte de forca para sempre". Salgou-se a terra, onde ele deixou os "seus rastos infames". Mas esses acontecimentos não emocionaram os corifeus do arcadismo. Tudo isso deu, apenas, em loas à Marília, gentil pastora, como nas épocas do "galante rimar".

Veio a Independência. Veio a República. O romantismo, com a força que trazia consigo, arriscou alguns ensaios vacilantes, usando termos da linguagem falada do País. Percebia-se já "um novo boleio de frase" (José Veríssimo), com o abandono gradual de formas castiças. Registraram-se algumas insubordinações gramaticais.

Em ambientes históricos que se sucederam, salvaram-se, certamente, dos depósitos bibliográficos, alguns filões riquíssimos, tipicamente nossos. Mas essa literatura de erosão não correspondia à época em que se vivia. Uma boa porção de homens de letras proliferava, sem raízes próprias, ainda ocupados com musas e anfitrites, que nada têm a ver com a vida nacional.

A reação modernista de 1922 desviou-se das formas habituais de expressão. Aproveitou alguns fragmentos folclóricos, com o uso de falas rurais. Desencadeou uma forte reação contra o mau gosto. Destruiu inutilidades. Mas os seus dividendos nas letras e nas artes eram ainda muito reduzidos. Não haviam trazido um pensamento novo, capaz de condensar as preocupações do momento.

Com o retorno aos valores nativos, remexeram-se os mesmos temas nacionais refundidos em poesia ociosa. Deram-lhe uma aparência modernista. Repetiram-se equívocos fundamentais. Conseguiram, apenas, deformar, reestilizar os assuntos como em século anterior o haviam feito Alencar, Gonçalves Dias, no famoso ciclo do índio romântico.

De qualquer modo, não se pode deixar de reconhecer efeitos salutares da insurreição literária de 1922. Deu maior autonomia aos meios de expressão: libertou o idioma de gramaticalismos inúteis; desamarrou a poesia em versos livres, em vez de os mesmos ficarem metidos numa armação silábica, com rima obrigatória; também com ornatos falsos e artifícios, como a chave de ouro. Mas, com exceção dos principais centros urbanos (Rio, São Paulo etc.), não exerceu influência imediata nas letras e nas artes pelo resto do País. As revistas que, nessa fase, condensavam idéias admiráveis sobre o modernismo (*Estética,* de Prudente de Moraes Neto e Sérgio Buarque de Holanda, a *Klaxon* e outras) tinham alcance público reduzido. Era, por isso, de assinalado interesse a divulgação das teses de renovação que vinha sendo realizada, sistematicamente, pelo grupo de intelectuais ligados à Agência Brasileira de Divulgação de Notícias de São Paulo.

As idéias rotineiras tinham fundas raízes no nosso sistema cultural. Esse material avulso, anônimo, discretamente planificado, alastrava-se, aos poucos, através dos jornais, pelo Brasil, abrindo caminho para um trânsito de idéias novas, com o abandono gradativo de princípios, que sujeitavam letras e artes aos moldes formais da época.

Em resumo: o principal mérito da agitação de 1922 foi acordar o Brasil de um estado de estagnação. O ânimo de renovação liquidou não somente um passivo de idéias antiquadas, que predominavam nas letras e nas artes, como chegou mesmo a influir na formação de um espírito novo, que veio ocupar a nossa órbita política.

ANTROPOFAGIA

Os reflexos da Semana alcançaram os setores mais diversos. O impulso da caudal modernista (1922) deu lugar, alguns anos mais tarde (1928), a uma subcorrente de idéias, na própria cidade de São Paulo. Essa agitação no mundo das letras, que surgiu com um sentido ferozmente brasileiro, denominou-se Antropofagia. Foi um movimento animado de um espírito jovem, independente, burlão, negativista. Com sátiras audaciosas, provocou uma derrubada de valores, de mera casca literária, sem cerne. Sacudiu hierarquias inconsistentes. Assinalou uma época.

SÃO PAULO

São Paulo, por esse tempo, era uma cidade em transição. Começava a mostrar o grau de vitalidade em seus aspectos externos. Alcançava, com ousadias técnicas, um nível de extensão tentacular. Os impulsos de renovação, apregoados no Movimento de 1922, começavam a ter reflexos na grande urbe tumultuária. A cidade patriarcal, de velha estrutura, ia cedendo lugar aos interesses manipulados sob a pressão do poder econômico. Desfaziam-se preconceitos, de uma marcada austeridade, que não correspondiam mais ao movimento vertiginoso da vida moderna.

Intelectuais da Paulicéia, interessados nos movimentos de vanguarda, conservavam os seus grupos. Manifestavam, em suas reuniões habituais, os diferentes modos de ver em matéria literária, sob a tônica modernista. O esforço de compreender a sua época suscitava debates. Provocava divergências. As discussões em mesas de café, salas de redação, punham em evidência problemas relacionados com inquietações de sentido social. Oswald de Andrade, com seu espírito buliçoso, agitava os diferentes grupos literários. Avivava discussões fragmentárias. Aparecia, de vez em quando, na Agência Brasileira (rua Xavier de Toledo), onde costumavam se reunir intelectuais e figuras políticas dos mais variados matizes.

MÁRIO DE ANDRADE

Uma noite, Oswald levou-me à casa de Mário de Andrade, encaramujado na sua casinha à rua Lopes Chaves. Tive ainda, outras vezes, oportunidade de visitar o poeta, sem entretanto descer a níveis de maior intimidade.

Mário era comediante amável. Guardava uma austeridade sob medida. A sombra do professor do Conservatório de Música estava sempre a seu lado. A sua erudição pesava dogmaticamente nas conversas. Deliciava-se com o seu repositório de folclore. Tudo vazado cuidadosamente em fichas. Era disciplinado nos seus esquemas de trabalho. Homem de arquivo, tinha uma atividade epistolar imensa. Multiplicava-se em cartas. Escrevia para todo o Brasil.

Mário gostava de falar, em termos abstratos, das suas atribulações. Mas ele tinha a vida estruturada em ordem. Convivia num círculo social restrito. Era solteirão, morigerado e sem estroinices. Vivia pacatamente com as tias. Houve época em que ele acompanhava a procissão de vela na mão.

— Parecia um anjo deste tamanho, vestindo a opa da Irmandade — contava um cronista de São Paulo.

Não conheci Mário como eu teria querido, com o seu enorme potencial poético. O que Oswald tinha de natural, com reflexos desordenados de sua personalidade,

Mário revelava precisamente o contrário. Era medido, controlado, fechado.

Entretanto, os que privaram com ele, num trato mais íntimo, diziam que, em rodas de amigos, era folgazão e jovial. Margarida Guedes Nogueira (nossa cônsul geral em Milão, 1956-1959) assegurou-me que, nos bailes fechados da SAM (Sociedade de Arte Moderna), Mário puxava cordão, como um sambista de morro. Adorava a graçola picante. Em um ambiente jocoso, esvaziava-se em risadas.

OSWALD DE ANDRADE

Oswald era diametralmente diferente. Figura de singular complexidade. Tipo de paladino, destemido, inconformado diante de um mundo em plena expansão, servido por uma arte que não correspondia às suas exigências. Por isso, provocava. Atacava. Defendia. Sustentava controvérsias. Elogiava. Deselogiava. Era ávido de renovações. Debatia manifestos literários. Abria caminho aos mais jovens. Emprestava idéias, com um talento dispersivo. De vez em quando, saía do seu Cadillac, para ler versos dos outros em casa de amigos. Era exuberante de substância humana. Tinha uma vida sacudida por aventuras. Quando ganhava algumas causas, das questões complexas de herança, gastava em lautas celebrações, na *Rôtisserie Sportman.*

Na fase que se seguiu aos agitados dias da Semana, Oswald não ocultava suas reações (às vezes violentas) em debates sobre coisas de arte moderna. Mas, depois da sua união com Tarsila, a pintora, com uma deliciosa feminilidade, conseguiu habilmente neutralizar um pouco os seus ímpetos polêmicos. Em vez de agressividade nas discussões, Oswald, com uma sensibilidade intuitiva, foi se amoldando ao diálogo. Evidenciava os seus êxitos orais em análises persuasivas.

Algumas vezes, em pequenos grupos, íamos ao palacete da alameda Barão de Piracicaba, onde o casal costumava receber amigos e figuras intelectuais. O velho solar foi se tornando conhecido, como um pequeno centro de agitação literária. Nessas reuniões, discutiam-se, geralmente, os critérios básicos do modernismo. A freqüência, notadamente nos dias estabelecidos para um tipo de *open house*, era, na sua maior parte, composta de gente jovem. Incentivavam-se na ocasião programas adequados para o ambiente existente.

Os recitais de música clássica ou de ritmos improvisados eram geralmente executados pelo pianista Souza Lima. Diziam-se poemas em dimensões novas, de um sabor inédito. Pagu, em plena adolescência, ainda sob a carinhosa tutela de Tarsila, era presença por todos festejada. Remexiam-se, às vezes, velhos repertórios de anedotas, para dar maior calor ao ambiente.

Uma vez, Oswald foi buscar a cozinheira para mostrar, na sala, como se dançava *Marimbondo*. A mulata tirou o avental e remexeu-se toda, dando nítida impressão de corpo picado. "Ele faz assim. E depois assim."

Dulce, a filha de Tarsila, de uns olhos sonhadores, recém-chegada da Suíça, esquivava-se, as mais das vezes, de participar dessas reuniões. Preferia ficar sozinha, em sala privada, mexendo distraidamente as teclas do piano. O velho Kaiserling estava indissimulavelmente enamorado dela. Durante a sua estada em São Paulo, aparecia quase todos os dias no conhecido solar.

RESTAURANTE DAS RÃS

Uma noite, Tarsila e Oswald resolveram levar um grupo de amigos, que freqüentavam sua casa, a um restaurante situado nas bandas de Santa Ana. Especialidade: rãs. O garçom veio tomar nota dos pedidos. Uns concordaram em pedir rãs. Outros não queriam. Preferiram escalopinis.

Quando, entre aplausos, chegou o prato com a esperada iguaria, Oswald levantou-se, começou a fazer o elogio da rã, explicando, com uma alta percentagem de burla, a doutrina da evolução das espécies. Citou autores imaginários, os ovistas holandeses, a teoria dos homúnculos, para provar que a linha da evolução biológica do homem, na sua longa fase pré-antropóide, passava pela rã — essa mesma rã que estávamos saboreando entre goles de um Chablis gelado.

Tarsila interveio:

— Com esse argumento, chega-se teoricamente à conclusão de que estamos sendo agora uns... quase-antropófagos.

A tese, com um forte tempero de blague, tomou amplitude. Deu lugar a um jogo divertido de idéias. Citou-se logo o velho Hans Staden e outros estudiosos da antropofagia:

"Lá vem a nossa comida pulando!"

Alguns dias mais tarde, o mesmo grupo do restaurante reuniu-se no palacete da alameda Barão de Piracicaba para o batismo de um quadro pintado para Tarsila, *Antropófago*.

Nessa ocasião, depois de passar em revista a exígua safra literária, posterior à Semana, Oswald propôs desencadear um movimento de reação genuinamente brasileiro. Redigiu um Manifesto. O plano de derrubada tomou corpo. A flecha antropofágica indicava outra direção. Conduzia a um Brasil mais profundo, de valores ainda indecifrados.

A Antropofagia apontou seus rumos: debaixo de um Brasil de fisionomia externa, havia um outro Brasil de enlaces profundos, ainda incógnito, por descobrir. O movimento, portanto, seria de descida às fontes genuínas, ainda puras, para captar os germens de renovação; retomar esse Brasil, subjacente, de alma embrionária, carregado de assombro e procurar alcançar uma síntese cultural própria, com maior densidade de consciência nacional.

CICLO GENTIO

Em fases que se sucederam, o grupo empenhou-se num reestudo do ciclo gentio, trazendo em análise resíduos clássicos a fim de melhor compreender o sentido totêmico de comer o seu semelhante, isto é, fazer, em disposições mágicas, uma absorção de forças em comunhão incruenta. O índio, antes do arado, era feliz na sua dignidade humana. *Sans roi et sans loi* [Sem rei e sem lei] (Montaigne). Mas chegaram os pregoeiros da catequese. Mandaram perguntar, em Roma, "se o gentio também era gente"?

O nosso indígena foi obrigado a crer; ser devoto; acompanhar as liturgias da Igreja; soletrar as leis da Boa Razão. Perdeu aquela inocência contente de que nos fala Vieira. Com essa transposição cultural, aquele indivíduo de instintos primários, "impaciente de sujeição" (Vieira), transformou-se num catecúmeno submisso. Desvalorizou-se pela humildade.

CIVILIZAÇÃO TÉCNICA

— Somos prisioneiros de uma civilização técnica. Perdemos contato com a terra. Precisamos — dizia Oswald, em ímpetos de um nacionalismo transbordante — de um Brasil afastado das calmarias. O homem branco chegou, trazendo a gramática lusa, o baralho e a idéia do pecado. Essas três sementes criaram profundas raízes. Degeneraram as formas daninhas. Quase que acabam com o Brasil.

A "DESCIDA"

A *Descida* agitou os araias literários de São Paulo. Formou barricadas. Entrou em colisão com grupos da velha escola, numa linguagem agressiva e impiedosa. A vacina antropofágica imunizava algumas atitudes destemidas. Flávio de Carvalho, por exemplo, realizou a sua *Experiência Número 2*, em sondagem psicológica da multidão, numa procissão de *Corpus Christi*. Quase foi linchado.

O interesse intelectual do movimento fazia-se já sentir em diversos setores. Era discutido nas livrarias e pelos cafés da rua Quinze. O teatro negro, que Di Cavalcanti animava, com um grupo da nova escola (Antônio Bento,

Mário Pedrosa, Lívio Xavier, Plínio Melo e outros), remexia idéias que foram se instalando na órbita do modernismo, com um tempero de sátira social.

Quando Berta Singerman, numa das suas andanças declamatórias pelo Brasil, anunciou o seu novo recital de poesia, no Teatro Municipal, a Antropofagia lançou também, em vistoso cartaz, no mesmo dia, um recital literário da negra Sorumbá, denominada "a nossa *diseuse*".*

DIVULGAÇÃO NOS ESTADOS

Em maio de 1928, apareceu a *Revista de Antropofagia*. O mensário servia de cartão de visita, para contato com núcleos intelectuais de vanguarda, nos estados: com o grupo mineiro, de *A Revista*, de Belo Horizonte, e da *Verde*, de Cataguases; a *Revista do Norte*, de Recife; a *Maracajá*, de Fortaleza; a *Madrugada* e a *Revista do Globo*, de Porto Alegre etc. Por sua vez, a Agência Brasileira, através da sua rede de jornais por todo o País, divulgava, com freqüência, súmulas dos acontecimentos no mundo das letras.

REAJUSTAMENTOS

Depois de um primeiro período, ainda em fase de transição, viu-se que o movimento antropofágico necessitava de reajustamentos na sua orientação. Em vez de piadismos ligeiros, em torno de assuntos em debate, o grupo deveria fixar-se em análises mais sérias. Achou-se, também, que seria conveniente captar maior interesse público para as idéias básicas do movimento. A sua divulgação teria, naturalmente, maior alcance através de algum órgão idôneo da imprensa paulista.

Rubens do Amaral, que chefiava a redação do *Diário de São Paulo,* concordou em ceder, para essa finalidade, uma página inteira de seu matutino às quinta-feiras. A página ficou, desse modo, conhecida como órgão da Antropofagia Brasileira de Letras (de 29 de agosto em diante).

PEQUENAS HOSTILIDADES

Após a publicação de *Macunaíma* (um dos trabalhos mais notáveis do modernismo, nessa época), Oswald procurou persuadir Mário a participar do movimento. As idéias do poeta da *Paulicéia desvairada* ajustavam-se perfeitamente aos esquemas antropofágicos. Mas Mário desinteressou-se pelo convite. Sentia-se satisfeito com a popularidade que lhe coube no inventário da Semana. Tinha, além disso, fortes implicações de amizade com uma confraria de admiradores. Preferia ficar em sossego. Afastou-se, aos poucos, do grupo.

Oswald, ao contrário, queria agitação. Vitalizava o movimento com um ânimo satírico. Fermentava malícias. Criava confusões, quando convinham. Uma vez, às escondidas, respingou a mitra verde-amarelista. Menotti saiu a campo. Chamou Mário (que nada tinha com a coisa) de Nilo Peçanha da Literatura Nacional. Saíram bodocadas em padrões lusos. Osvaldo Costa agitava o mundo das letras com os seus famosos moquéns. A página das quintas-feiras tornou-se notória pelas suas irreverências. Um dia, publicou, em destaque, uma citação do Novo Testamento:

"Em verdade, se fizerdes o que vos digo, no dia do Juízo estareis comigo no Paraíso."

A citação levava o seguinte título: SUBORNO. Rubens do Amaral perdeu a calma. Pediu para acabar definitivamente com a página. Cresciam as devoluções de jornais, em protesto contra as notas que se publicavam.

TRÊS CICLOS

Encerrou-se, dessa forma, o segundo ciclo do movimento. O primeiro, com a *Revista de Antropofagia,* teve apreciáveis proveitos para tomadas de contato. Penetrou em alguns núcleos jovens que agitavam as letras nos estados, com anseios de renovação; o segundo assinalou-se pela sua agressividade. Demoliu alguns elementos que, sem serem vanguardistas, figuravam na cena dos acontecimentos, numa ruidosa confusão de valores; na fase final (terceiro tempo), sem comichões de publicidade, começou-se a pensar, com mais serenidade, numa reestruturação de idéias, de modo a salvar resultados possíveis.

CONGRESSO

Oswald era de opinião que se precisava firmar postulados, para conduzir o movimento com novos critérios. Para isso, cogitava da preparação de um retiro de alguns dias, na fazenda de café de Tarsila, de ambiente tranqüilo. De acordo com as conclusões a que chegasse o grupo, seria oportunamente convocado um congresso, de ressonância nacional, para debates de teses.

O secretário de Educação do Estado do Espírito Santo (não me lembro o nome), que assistia, casualmente, a essa formulação de planos, entusiasmou-se pelas idéias de "um Brasil mais autêntico". Sugeriu que o Primeiro Congresso Mundial de Antropofagia fosse realizado em Vitória. Os seus membros seriam hóspedes do estado. Marcou-se data para a realização desse encontro. Oswald propôs que fosse a 11 de outubro (o último dia da América livre. Dia seguinte chegou Colombo...).

CLÁSSICOS DA ANTROPOFAGIA

Sem tardança, deram-se início às reuniões para a preparação de teses a serem discutidas no Congresso. Remexeram-se os clássicos da Antropofagia com o fim de catar resíduos doutrinários. E também para apoiar, com sedimentação erudita, as teses em estudo.

Thevet, com seiscentas notas de interesse etnográfico; Jean de Levy, que veio ao Brasil com Villegaignon; Hans Staden; Henry Koster; Karl von den Steinen (estudo das tribos do Xingu); Claude d'Abbeville; Yves D'Evreux; Taunay; Saint-Hilaire; Koch Grünberg; Humboldt Capistrano de Abreu (falares dos Caxinauás); glossários de línguas indígenas, de Martius, traduzidos por Teodoro Sampaio; Emílio Goeldi; Barbosa Rodrigues; Couto de Magalhães. E por fim, como remate dessa enumeração de autores ilustres, o grande Montaigne *(Les Essais, De Canibalis)* e Jean-Jacques Rousseau.

"GRILO"

Procurou-se, de início, firmar o conceito antropofágico do nosso País. "O Brasil era um grilo."

A idéia de posse contra a propriedade veio tomando evidências de lei. Podia-se fazer a prova dos nove com a nossa História: as demarcações do Tratado de Tordesilhas nunca foram observadas. O loteamento do Brasil, em capitanias hereditárias, não assegurou o registro de propriedade aos respectivos donatários. O estatuto do *uti possidetis* tinha mais força que documentos pontifícios e outras legitimações de propriedade.

MATERIAL

Os temas iam sendo planificados, de modo a proporcionarem, no seu conjunto, uma idéia das realidades brasileiras. Procurou-se, ao mesmo tempo, descobrir quem estaria em condições de estudar assuntos de cada tese, num desdobrante conveniente, sem perder de vista o seu aproveitamento na organização de uma "bibliotequinha".

UMA SUB-RELIGIÃO NO BRASIL*

Oswald de Andrade, na sua versatilidade, às vezes com lampejos geniais, mas também outras vezes com destemperos incríveis, estava empenhado, num fecundo período de criação literária, na formulação das bases teóricas de dois assuntos: *Uma sub-religião no Brasil* e a *Suma Antropofágica.*

Para a primeira tese, procurava ele fundamentos de unidade para uma seita religiosa, tipicamente brasileira, isto é, constituída com o *substratum* de crenças dos três grupos raciais que formam os alicerces étnicos do Brasil. Esperava, dentro desse esquema, estruturar um sistema derivado de cultos fetichistas, de apelo às forças mágicas da natureza. Tinham parte marcante no plano os atributos ocultos de seres e coisas, dentro de um clima de surrealismo religioso. Também, as relações subjetivas com espíritos protetores, como o Tatá de Carunga, e o santoral afro-católico, venerado em terreiros de macumba. A invocação às forças totêmicas seriam feitas em ritmo de batuque, com interpolações de termos cabalísticos, para preservar uma parte do mistério.

*Os capítulos "Sub-Religião no Brasil" e "Subgramática", que fazem parte deste ligeiro ensaio, foram publicados já, por descuido do A., na primeira parte do livro *Samburá.*

O segundo assunto, *Suma Antropofágica*, seria de natureza essencialmente política. Consistiria em uma série de notas e advertências que formariam um *Tratado de Governo*, isto é, como seria, no Brasil, um governo de formação antropofágica, capaz de solucionar, dentro de irrestritas conveniências nacionais, os seus problemas de uma desvairada complexidade. Creio que Oswald não chegou a deixar nada escrito a esse respeito.

SUBGRAMÁTICA

A Subgramática teria em vista, acima de tudo, a recuperação da simplicidade do idioma, de modo a libertá-lo da sua complicada engrenagem pedagógica. Gastava-se, evidentemente, um precioso tempo no estudo de meros bizantinismos.

Posteriormente, na época do Convênio Ortográfico, em Lisboa, escrevi sobre o estado em que alguns gramáticos deixaram a desditosa língua portuguesa, remendada de artificialismos inúteis. Carregou-se, por exemplo, o casco do vocábulo com acentos de toda espécie: circunflexos, enfeites graves e agudos e até de tremas germânicos, completamente desnecessários. O Convênio, em suas múltiplas resoluções, reduziu, por exemplo, os domínios da letra *K*. O *H* era uma letra assexuada. Entrava graciosamente nas composições léxicas, sem lhes causar alterações. Em alguns casos, ajudava a imprimir uma certa linhagem etimológica ao vocábulo.

Prevalecia também a tendência de fonetização, até de nomes próprios. Shangai, na nova ortografia arrasante, parece cidade demolida da sua arquitetura usual de letras. Com a fúria foneticista, iam mutilando o que encontravam pela frente. O idioma sofreu uma invasão de gafanhotos. Pelaram tudo. Bahia, a pedido, ficou com o *h*, que se usava nos tempos de Tomé de Sousa. Cingapura e Cuaral, com *c*, davam a aparência de cidades castradas.

No velho baú da língua portuguesa, enriquecido com palavras autênticas da fala popular, de raízes no folclore nacional, encontram-se hoje, em alarmante mistura, palavras de arranjos postiços, fabricadas com mau gosto, como estórias, bifesteque, acontecências e outras bobagens.

CEM PALAVRAS

Em anexo à tese da Subgramática, figurava um "selecionado" de cem palavras de sabor brasileiro. Enumero algumas delas:

Mironga, uma das palavras mais bonitas do idioma. "Mironga de moça branca", espécie de charme indecifrado, com algumas misturas de malícia e encanto;
Puçanga, Mandinga, Banho de cheiro;
Pacoema (marés de pacoema);
Canarana ("teu corpo alongado de canarana", de R. B.);
Jongo, Batuque, Bate-coco, Boi Catira, Bumba-meu-boi;
Grupo do cata-piolho, África, Elefante;
Lobisomem, o Berra-boi, Casarão mal-assombrado, a rua de trás;
Légua, que sugere a distância rural, Latifúndio, Taipa, Tapera;
Pântano, Sapo, Lama, Alagadiço, Febre, Malária, Silêncio, Macumba;
Sombra ("Estou com os olhos entupidos de escuro", de R. B.);
Tâmara ("O teu corpo de tâmara macia", de R. B.);
Fundo do Mato, Selva, Mistério, Rei Congo, Tatá de Carunga;
Fazer querzinho, Doizinho de experimentar corpo, Estarzinho;
Mussangulá; revela uma posição de espírito que condensa problemas pessoais, numa acomodação

surrealista. E um estado de aceitação, de instinto obscuro, subconsciente, mágico, pré-lógico. Renuncia compreender claramente as coisas. Espécie de preguiça filosófica, de moldura brasileira: estou de mussangulá! A palavra entrou para o idioma, significando uma defesa de espírito, que não quer se enquadrar em preceitos. Portanto, contra tudo o que é coerente, silogístico, geométrico, cartesiano.

BIBLIOTEQUINHA ANTROPOFÁGICA

Dentro das realidades brasileiras, o plano da Bibliotequinha foi se enriquecendo com a agregação de novas teses e ensaios. Resolveu-se que o primeiro volume da série ia ser o *Macunaíma*, incorporado à Antropofagia pelo sentido grandioso da obra. Também *Cobra Norato* foi incluído nessa relação. Outro volume seria o *Sambaqui* ou restos de cozinha, constituído do "Manifesto" de Oswald de Andrade, "Moquéns" e "Pontas de flecha" de Osvaldo Costa; seleção de artigos publicado na *Revista de Antropofagia* (primeira dentição) e na página semanal do *Diário de São Paulo* (Eneida, Pedro Nava, Aníbal Machado, Jaime Adour da Câmara, Luís da Câmara Cascudo, Geraldo Ferraz, Nelson Tabajara, Clovis de Gusmão, Murilo Mendes, Joaquim Inojosa).

Constaria de uma coleção de cantigas de ninar (repertório de Elsie Huston), embalos de rede e cata-piolhos, seguidos de um estudo sobre a formação da inteligência do nenê (casos de assombração, o Sapo-Boi, Bicho do Fundo).

Estava, também, em organização o volume sobre a *Escola Brasileira*, com uma revisão dos programas de ensino, sob critério essencialmente utilitário (supressão de coisas desnecessárias na vida prática); livros de *Festas e folguedos*; compilação resumida de narrações sobre festas e folguedos existentes no Brasil; capítulos sobre danças regionais, com as características de alguns tipos rurais; qualidades típicas do andar do negro; mecânica dos movimentos e "passista" de frevo: certas figurações, enxertadas de imprevisto nessa dança, exigem uma enorme agilidade, com um corpo de mola. Baseiam-se na técnica da Capoeira. Os passos de rua, arrastados ou os gingamentos, para diante e para trás, de pernas arqueadas, fazem-se na ponta dos pés. Por isso, um estudioso do assunto observou, com razão, que o "passista" de frevo é mais propriamente um digitígrado que um plantígrado.

BERRO

Seriam, também, feitas algumas considerações sobre o berro, como um sistema de medidas de superfície de Antropofagia. Os limites de uma determinada área se fixariam em pontos, onde pudessem ser ouvidas as últimas ressonâncias do berro. Nem todas as palavras têm o mesmo raio de penetração ao ar livre. Diferem pela maior ou menor intensidade de vibração de sons. O berrador oficial que, para medir uma área, silabasse, em penetrante voz alta, a palavra murucutu teria naturalmente um alcance menor que com uma palavra oxítona em *a* ou em *i*: Taperebá. Ouricuri. O contorno da área de medição seria determinado pelos pontos alcançados pelo berro.

ÍNDOLE PACÍFICA DO GENTIO

Outro estudo versaria sobre a índole pacífica do gentio. Em apoio dessa tese há um depoimento singular de um dos nossos indigenistas. Conta ele o seguinte:

O chefe de uma tribo, por atributos sobrenaturais, tinha poderes soberanos, marcadamente legítimos dentro de uma determinada área (por exemplo, a situada entre dois rios confluentes). No momento, porém, que o grupo ficava desgostoso com o chefe (por uma conduta tirânica ou por não haver cumprido o que prometeu) os componentes do clã não iam tramar uma revolução ou sublevação para usurparem o poder. Nada disso. Toda a tribo, simplesmente, se deslocava para outro lugar, fora dos limites de sua jurisdição, e deixava o chefe sozinho.

LIBIDO BRASILEIRA

Outra tese seria sobre a libido brasileira (histórias do sexo cifrado). Constaria de um estudo fundamentado sobre o boto, uma espécie de dom João da Amazônia. Por onde ele passa, deixa um clima de suposições.

— Quem foi?

— Foi o boto.

Imunizou o artigo 266, do Código Penal. Há, também, árvores com atributos mágicos. Moça teve um filho sem conhecer homem. Curandeiro, na lua nova, fica espiando a orgia da noite. Colhe ervas de distorcer quebranto. Prepara puçangas para seduções femininas. Usa amuletos com força de sortilégios (olho de boto, esporão de alencó). Ficam almas seqüestradas pela bruxaria.

Longe, no interior, sente-se o drama silencioso do homem. O horizonte traça os limites do seu mundo. O espaço físico estira-se ante os seus olhos cansados. As distâncias o abatem.

Passam os tempos lentos. A fisionomia rural continua a mesma, com terras de baixo rendimento. A saúva tomou conta das lavouras. Populações resignadas se acomodam num plano de deixa-estar. Caboclo, subnutrido e apático, senta-se à porta do rancho. Não conversa com a mulher. Pesa o silêncio nos tições apagados.

Ergueram uma cruz na entrada da vila, para espantar o diabo. Lá adiante, um morro com uma casinha no colo. De tarde, o sol se derrete nas vidraças. Voltam de longe, os cargueiros, recolhendo as estradas.

ÁREA POÉTICA DA ANTROPOFAGIA

Algumas das mencionadas teses, tratadas nas suas vinculações regionais, para alargar conhecimentos sobre o Brasil, foram se agrupando dentro de um plano. Esboçaram-se, também dentro da mesma linha, alguns ensaios avulsos que delineavam, em formas desordenadas, a área poética da Antropofagia. Alcançamos, afirmávamos, um estado de integração das nossas coisas, com uma consciência de maturidade. Somos um Brasil fora das medidas, de contornos fortes, com alma compósita, sem demarcações étnicas, com um largo quadro de solecismos sociais. Um Brasil de dramas obscuros coa-se na hereditariedade:

> Mulher de sexo solto
> foi morar na rua de trás

Temos uma geografia do mal-assombrado, de mandinga e mato, com puçangas e banhos de cheiro. De noite, na fazenda, ouvem-se as queixas do monjolo: bate-pilão.

Move-se, em silêncio, o mundo dos fantasmas. Berra-boi espanta o lobisomem. Escorrem vultos atrás das sacristias. Nas áreas rurais, em noites de lua cheia, aparecem visagens, neblineiros de assombração. A árvore do enforcado secou. Cachorro magro, sem dono, uiva sozinho, nas bandas do cemitério. Diabo derreteu os dentes. Em sábados de bruxa, mula-sem-cabeça sobe a serra, ver o Brasil como vai.

O drama da escravatura espalhou no País um sabor amargo. Negro chegou em lotes, amarrados em coleiras de ferro. Catou mineração para el-Rei. Trabalhou de sol a sol, nas lavouras. Apalpou o Brasil com as mãos. Assistiu, sem saber, aos diferentes ciclos da nossa História. Em nossos quadros sociais fez papel de sombra. Nos armazéns de escravos, era escolhido pelo toque da bunda. (Negro de bunda fina era mais caro.)

> Trazia em baixo-relevo
> inscrições de chicote no lombo (R.B.)

Raça domingueira, caminha em ritmo diferente, com pernas elásticas. Nos gingamentos do corpo arrastado, inventou o seu passo de dança. Depois coçou o piano e fez música. Adoçou, desse jeito, a alma do Brasil.

Temos regiões de terra longe, com áreas de magicismo. Sesmarias sem dono, onde vive o indígena, no seu estado de natureza. Os seus deuses moram na floresta. Conversa sozinho com as árvores.

Tudo isso tem fundas raízes na terra, de sabor próprio e sem misturas. Temos diferentes regiões de idade social, com mundos mágicos e obscuros. Dispomos de matéria-prima inesgotável, para extrações de ingredientes poéticos. Um Brasil cheio de ternura, com embalos de rede e cata-piolhos: essa Nega Fulô. Um Brasil que se diverte nas ruas com o bumba-meu-boi; Brasil do Ascenso Ferreira: hora de trabalhar? Pernas pro ar.

Alguns problemas regionais resolvem-se às vezes com soluções de milagre. Uma ocasião, bateram as febres no

Ceará. Começou a morrer gente. Padre Cícero, então, mandou soltar foguetes para espantar os micróbios. O curioso é que tudo deu certo.

A DEBANDADA

Estavam os trabalhos, nessa altura, dentro de um esquema de preparação do Congresso, que ia se realizar em Vitória, já com data marcada, quando surgiram alguns imprevistos, que vieram perturbar o seu ritmo. Desprevenidamente, a libido entrou de mansinho no paraíso antropofágico. Ocorreu um *changé des dames* geral. Um tomou a mulher do outro. Oswaldo desapareceu. Foi viver o seu novo romance numa beira de praia, nas imediações de Santos. A reação emocional se processou em série, com vários desajustamentos de âmbito doméstico.

Com a emoção dos acontecimentos, ninguém pensou mais no Congresso em Vitória. A bibliotequinha ficou em nada. E a Antropofagia dos grandes planos, com uma força que ameaçava desabar estruturas clássicas, ficou nisso... provavelmente anotada nos obituários de uma época.

Depois de uma debandada geral, resolvi também deixar São Paulo. Reuni o que eu possuía e traduzi tudo em dólares, ainda na base de oito mil e cem, pouco antes do craque da Bolsa de New York, em outubro de 1929, e fui para o exterior.

Viajei dois anos, sem parar. Saí pelo porto de Santos, num cargueiro japonês, e entrei no Brasil por Guajará-Mirim, depois de haver descido (nove dias em lombo de mula) as *yungas* bolivianas.

Em Paris, encontrei-me com Plínio Salgado. Recapitulamos cordialmente algumas passagens de São Paulo. Contou-me que, em Roma, havia estado com Mussolini. O Duce lhe assinalara, numa dialética totalitária, o seu ponto de vista que "o intelectual jovem deve estar a serviço do seu país".

Mas essas idéias, no plano político, não me interessavam. Nem tampouco as da linha oposta, na órbita vermelha. Eu acabava de fazer uma viagem no Transiberiano (11 dias de trem) e não fiquei nada estusiasmado com o que havia visto na velha Rússia. Muita miséria e um rigoroso controle policial em tudo. Em duas outras viagens, nessa mesma rota, em 1934 e 1938, a situação já era um pouco diferente. Mas isso é capítulo à parte.

MAGICISMO DO UNIVERSO AMAZÔNICO NUM POEMA

Em 1921, fazia eu, em Belém, o quarto ano de Direito, depois de escalar em outras faculdades do meu ciclo universitário. A cidade era agradável, com sua casaria debulhada pelas beiras do grande rio. Sobrados, de tipo colonial, revestidos de azulejos, estiravam-se ao longe das avenidas Nazaré e São Jerônimo, dentro de amplas áreas ajardinadas. Lembravam os velhos tempos de aristocracia reinol.

Para os lados do porto, estendia-se a fieira de armazéns, de construção cúbica, com um movimento ruidoso de cargas e descargas. As velas coloridas do Ver-o-peso, num cotovelo do rio, desenhavam paisagens espetaculares.

À noite, no terraço do Grande Hotel, debaixo de copadas mangueiras, reuniam-se os grupos habituais.

O círculo de conhecidos ia-se alargando Emendava-se, às vezes, com outras rodas, que se iam formando nas largas calçadas do hotel. Discutia-se de tudo. Entravam em comentários fatos correntes. Agitavam-se opiniões, notadamente no campo literário. Em geral, os modos de ver, nesses assuntos, arrematavam-se em blagues. Mas, dessas conversas, de calor comunicativo, ficava sempre um resíduo de bom senso, que assinalava o pesado artificialismo em coisas que se publicavam.

Publicava-se uma poesia chorona e sem graça, com alguns reflexos líricos. O intelectualismo, sem direção, tinha efeitos estéreis. Um jornal local inseria nas suas colunas um longo ensaio sobre o Preciosismo. Que tínhamos nós a ver com o famoso Hotel de Rambouillet, já bastante ridicularizado no seu tempo?

Essa anarquia literária, em mistura com figurinos antiquados, dava lugar a comentários satíricos do grupo. Acentuava-se, cada vez mais, a necessidade de um retorno aos valores nativos. Fazia-se o inventário folclórico das coisas do Amazonas, com um ânimo de renovação. Passavam-se em revista os contos da onça, histórias do "ai me acuda", casos de assombração. Descobriram-se, no fundo de cada lenda, aspectos de jurisprudência indígena, sobre a caça parida, a época das desovas etc. Para dar idéia da dureza do acapu, por exemplo, diziam que a árvore, cem anos depois de cortada, sentiu, pela primeira vez, uma ferroadinha na casca. Então exclamou:

— Ai que me cortaram!

Dessas conversas erráticas, em reuniões que não tinham outro objetivo que o simples prazer de estar-junto, fui sedimentando conhecimentos fragmentários sobre a Amazônia. Aprendi, também, em minhas viagens de canoa, a sentir intensamente esse ambiente, onde casos do fabulário indígena se misturam com episódios da vida cotidiana. O magicismo anda de mãos dadas com fenômenos da natureza

ANTÔNIO BRANDÃO DE AMORIM

Aos domingos, quase sempre, ia à casa de meu amigo Alberto Andrade Queiroz, que me proporcionava publicações modernistas, recebidas da Europa, notadamente as do Movimento Ultraísta, da Espanha.

Uma ocasião, mostrou-me trabalhos avulsos de Antônio Brandão de Amorim (1865-1926), de um forte sabor indígena. Foi uma revelação. Eu não havia lido nada mais delicioso. Era um idioma novo. A linguagem tinha às vezes uma grandiosidade bíblica.

No seu mundo as árvores falavam. O sol andava de um lugar para outro. Os filhos do trovão levavam, de vez em quando, o verão para o outro lado do rio.

Os nheengatus colhidos, genuinamente, nas malocas do alto Urariquera eram de uma enternecedora simplicidade. Nos diálogos afetivos, usavam o diminutivo dos verbos: *estarzinho, dormezinho, esperazinho* etc. Certas histórias, sobre temas meramente humanos, eram tratadas com um desusado tempero lírico. Por exemplo: "A moça acendeu os olhos pra ele." "A luz da lua dançava nos seus olhos." A mãe disse pra filha: "Não olhes tão de doer nos olhos dele."

Essas leituras me conduziram a um novo estado de sensibilidade. Alarguei instintivamente a visão que formava das coisas. Abeirei-me das falas rurais, de uma deliciosa formação sintática. Na sua inocente naturalidade encontravam-se, certamente, germens de poesia pura, descongestionada de acessórios ornamentais. Pude compreender, aos poucos, que cada idéia devia ter o seu encadeamento rítmico, ajustado em versos livres; não com uma montagem silábica artificial, em prejuízo do assunto poético.

LENDA DA COBRA GRANDE

Em um dos casos que me contaram, nas minhas andanças pelo Baixo Amazonas, aparecia, por ocasião da lua cheia, a Cobra Grande, que vinha cobrar o resgate de uma moça. O gênio mau da região, como o Minotauro dos gregos, amedrontava toda a gente, com a exigência desse tributo.

Um dia, pelos caminhos da intuição, e ainda sob a influência dos nheengatus de Amorim, pensei em fixar esse mito num episódio poemático, tendo, como pano de fundo, a grande caudal de água doce e a floresta. Mas, em vez de um Teseu destemido, para enfrentar o monstro, comecei a procurar, nas lendas amazônicas, um gênio bom que fosse, por coincidência, enamorado da donzela raptada pela Cobra Grande.

Cobra Norato, com a sua substância humana, pareceu-me que se ajustava perfeitamente na figura do herói do poema. Faltava achar a moça. Resolvi o assunto mais tarde, ao me lembrar da velhinha de Valha-me-Deus (ilha do Tucum, no litoral maranhense), que me contou uma história obscura da filha da rainha Luzia. A sua figura errática e fugidia amoldava-se apropriadamente às tramas do "romance".

Alinhavei uma série de notas, com alguns ingredientes poéticos, na preparação de cenários, que também tomavam parte nos episódios do poema.

Mas um poema, em geral, não começa a ser escrito com o verso da primeira linha. Nasce, quase sempre, de uma ideiazinha central como de um núcleo magnético. Depois desenvolve-se, em formas naturais, pelos próprios enlaces do assunto. A impressão da vida vegetal amazônica formou uma das primeiras sementes do poema:

Aqui é a escola das árvores
Estão estudando geometria.

A massa poética, ainda em estado nebuloso, adquiriu um impulso até formar o verso. A imposição telúrica, de "ter que obedecer o rio", trouxe um sentido dramático, com o coro das árvores:

Ai ai. Nós somos escravas do rio,

Com o eco se repetindo em lonjuras escuras: ... *escravas do rio.* Agregaram-se, depois, outras imagens, na mesma armação acústica, em apoio às notas do fundo soturno. Fui eliminando o bagaço verbal, de modo a resguardar a ressonância silábica na sua simplicidade. O poema foi-se desenvolvendo com algumas variantes ornamentais:

> A noite chega mansinho. Estrelas conversam em voz baixa. Silêncios imensos se respondem.

Numa desordem de idéias fui dando forma às impressões colhidas em freqüentes viagens de canoa, rio-abaixo, rio-acima, procurando apresentar a floresta no seu sentido telúrico:

> Gritos avulsos sacodem a massa vegetal. A selva inteira se agita. Sapos soletram as leis da floresta, com mensagens cifradas. Iparapezinho resvala na vasa mole. Num fundo, longínquo, nuvens negras se amontoam, como montanhas dependuradas. Sapo sozinho chama chuva. Trovãozinho roncou: já vou. Um raio corta um pedaço do horizonte. Rolam trovões assustados, numa briga de relâmpagos. Árvores tinham medo que o céu caísse.

Alinhavei desordenadamente alguns versos, na tentativa de apresentar aspectos do universo amazônico, na sua profundidade. Nesse mundo imenso de água e mato, com eco de vozes indecifradas, aparece o herói do poema: Cobra Norato, no seu estado de obsessão afetiva, semi-sexual, à procura da filha da rainha Luzia.

> De todos os lados me chamam. Onde vais Cobra Norato?
> Tenho aqui três arvorezinhas jovens à tua espera.
> — Não posso. Eu hoje vou dormir com a filha da rainha Luzia.

Mas essa aventura não é fácil. O nosso herói terá que vencer um ciclo exaustivo de provas: terá que passar por sete mulheres brancas, de ventres despovoados; terá que entregar a sombra pro Bicho do Fundo; terá que fazer mirongas na lua nova.

Norato passa em meio de troncos encalhados. — *Árvores de galhos idiotas me espiam. Águas defuntas estão esperando a hora de apodrecer.* A selva profunda está em insônia. Raízes desdentadas mastigam lodo. Jacarés brincam em comichão na lama. Lá adiante, os rios vão carregando as queixas do caminho:

Ai, que eu era um rio solteiro.
Vinha bebendo o meu caminho
mas o mato me entupiu.
Agora estou com o útero doendo, ai ai!

Sapos com dor de garganta estudam em voz alta. Riozinho vai para escola. Toma lições de geografia. A floresta trabalha. Cipós tecem intrigas no alto dos galhos. Árvores-cumadres passaram a noite tecendo folhas em segredo. Vento-ventinho assoprou de fazer cócegas nos ramos. Desmanchou escrituras indecifradas.

Um berro atravessa a floresta. Vai abrindo caminho, entre árvores assustadas. Mais ao longe, riozinhos soltos, sem filiação certa, vão de muda, nadando nadando. Entram resmungando mato-adentro. Um socó-boi sozinho bebe o silêncio. Uma inhambu se assusta. Silêncio se machucou. Ecoa no fundo, sem resposta, o grito cansado de um pixi-pixi. Gaivotas medem o céu. O céu parece uma geometria em ponto grande. Um passarão, sozinho, risca a paisagem bojuda.

Norato, exausto, gasta as suas forças nessa penosa travessia. Afunda-se depois numa floresta, de hálito podre. Vento mudou de lugar.

— Vou ficar com os olhos entupidos de escuros.

Perdido num mundo visguento, ele encontra um companheiro, o Tatu-de-Bunda-Seca, que conhece todos os mistérios do mato. Compadre Tatu ajuda Norato a vencer a pesada gincana de provas. Prepara puçangas contra mau-olhado. Cascas de tinhorão pra distorcer quebranto. Mas nada disso deu certo, para encontrar a filha da rainha Luzia. Sente uma jurumenha, que lhe morde o sangue devagarzinho:

— Ai. Onde andará?
Eu quero somente
ver os seus olhos molhados de verde.
Enxergar, nem que seja de longe,
seu corpo alongado de canarona,
com a ternurinha do seu olhar

Desanimado, Norato estira-se num paturá. Parece que a noite parou. Sente-se em silêncio a pulsação da terra.

Agora,
quero um rio emprestado pra tomar banho.
Quero dormir três dias e três noites,
com o sono do Acutipuru.

A lua nasceu com olheiras. O silêncio dói dentro do mato. Encolhe-se a luz do dia. A sombra vai comendo devagarzinho os horizontes inchados. Os panoramas se afundam. A noite encalhou com um carregamento de estrelas.

PARTE FOLCLÓRICA

Para descanso das pesadas impressões da selva, em seus vários aspectos, o poema desenvolveu uma parte com temas folclóricos. Norato e seu Compadre esgueiraram-se por caminhos escondidos. Andaram. Andaram. Entraram numa zona de vivência humana, com gentes de alma simples, onde monjolo é música. No casão das farinhadas grandes, Joaninha Vintém conta os seus "causos". Correm, de mão em mão, n'outra festa, as cuités de tafiá, com o "chorado" do Tajá-Tinhorão.

Mais adiante, uma pajelança. Pajé, num canto do rancho, assobia fininho. Assobia. Assobia, chamando o mato. De repente, adquire um toque de mediunidade. A onça "entra" no corpo do Pajé. Então começa a dançar como um felino. Depois começa um diálogo, com a habilidade de um ventríloquo, de consultas sobre enfermidades dos doentes (inchaço no ventre, sezões, espinhela caída). Seguem-se encarnações de outros caroanas, até encontrar o feitiço causador da doença.

Pajé pede mais diamba. Fuma e tonteia. Entra, aos poucos, em um estado de transe. Então, contrata o mato para fazer mágica. A floresta ventríloqua brinca de cidade. Movem-se espantalhos monstros. Árvores encapuzadas, soltam fantasmas. As distâncias se desfiam na neblina. Jaquiranabóia apita. Parece o apito de um navio.

O RAPTO DE MOÇA

Ouve-se um apito longínquo atrás da selva. Norato diz pro Bunda-Seca:

— Lá vem vindo um navio...

— Aquilo não é navio, compadre.

— Mas as velas, a bujarrona, o casco de prata?

— É a visagem da Cobra Grande que vem, em noites de lua cheia, buscar uma moça que ainda não conheceu homem. Parece que ouço um soluço se quebrando na noite, toda habitada de estrelas.

— Coitadinha da moça. Se eu pudesse ia assistir ao casamento.

— Casamento da Cobra Grande chama desgraça. Só se a gente arranjar mandinga de defunto.

— Ué, então vamos. Lobisomem está hoje de festa no cemitério.

— Abre-te Vento, que eu te dou um vintém queimado. Tenho que passar depressa, antes que a lua se afunde no mato.

— Então passa, meu neto.

— Quero chegar na Serra Longe. *Pererê Pererê Pererê.*

— Pajé-Pato. Arreda o mato mais pro fundo, que eu preciso passar. Levo um anel e um pente de ouro de presente pra noiva da Cobra Grande.

— Que é mais que tu levas?

— Levo cachaça.

— Então deixa um pouco. Pode passar.

Canta um pitiro-pitiro na beira do mato. Silêncio não respondeu. Matim-ta-Pereira vem chegando.

— Bom cê deixar um pedaço de fumo pro Curupira.

— Vamos pra adiante, que já é tarde.

— Me dê três fôlegos de descanso, que o ar entupiu.

— Então esperazinho um pouco pra eu assoprar na barriga.

Norato desce depois no buraco do Espia, para ver, de longe, a moça.

— Ai que eu tremi de susto. Parou a respiração. Sabe, desta vez, quem é noiva da Cobra Grande? É a própria filha da rainha Luzia.

— Então corra com ela depressa. Não perca tempo, Compadre.

— Ai. Quatro Ventos me ajudem. Quero forças pra fugir. Sapo-boi faça barulho. Cobra Grande vem-que-vem-vindo pra me pegar. — Serra do Ronca role abaixo. Tape o caminho atrás de mim. — Tamaquaré, meu cunhado. Cobra Grande vem-que-vem. Corra imitando o meu rasto. Entregue o meu pixê na casa do Pajé-Pato. Torça o caminho depressa, que a Boiúna vem lá atrás, como uma trovoada de pedra. Vem amassando mato. Arvorezinhas rolaram de raiz para cima. Pajé-Pato ensinou caminho errado:

— Cobra Norato com uma moça? Foi pra Belém. Foi se casar. Cobra Grande esturrou direito pra Belém. Arrasou muros e paredes. Entrou no cano da Sé e ficou com a cabeça debaixo dos pés de Nossa Senhora.

REMATE

E agora, Compadre? Digo-lhe adeus, que vou me embora. Vou lá para as terras altas, onde o mato se amontoa; onde correm rios de águas claras, no meio dos molungus. Procure minha madrinha Maleita. Diga que eu vou me casar; que vou vestir minha noiva com um vestidinho de flor. Peça uma rede bordada, com ervas de espalhar cheiroso e um tapetinho-titinho, de penas de irapuru.

Quero estarzinho com ela
numa casa de morar,
com porta azul piquininha
pintada a lápis de cor.
Quero sentir a quentura
do seu corpo de vai-e-vem.
Querzinho de ficar junto
quando a gente quer bem bem,

No caminho, vá convidando gente pro Caxiri-grande. Haverá festas e festas, durante sete luas, sete sóis. Traga a Joaninha Vintém, o Pajé-Pato, o Boi Queixume. Não esqueça os Portinari, Maria Pitanga, o João Ternura. Quero povo de Belém, de Porto Alegre, de São Paulo.

— Então, até breve, Compadre. Fico-lhe esperando atrás das terras do Sem Fim.

NOTA ADICIONAL

Em fins de 1921, com a minha transferência para o Rio, no plano de terminar o ciclo acadêmico, meti na mala o poema, do jeito que estava, e por muito tempo não mexi mais nele. Somente anos mais tarde (1927), em São Paulo, com o acolhimento carinhoso de Tarsila e Oswald de Andrade, recopiei-o. Fiz alguns retoques. Adicionei imagens novas. Suprimi versos que já não me agradavam mais. O poema "andou de mão em mão", numa espécie de "cadeia datilográfica", antes de imprimir-se — conforme depoimento de Sérgio Buarque de Holanda, num artigo publicado em *O Jornal,* em agosto de 1951, sob o título "Bopp e o Dragão".

"A publicação do livro", acrescentou ele, "fez-se bem mais tarde (1931), por iniciativa de amigos e à revelia do poeta."

Esses contos, lendas, "causos", com maneiras de dizer próprias, foram mais tarde reunidos no volume 154, da *Revista do Instituto Histórico e Geográfico Brasileiro,* ano de 1956.

OUTRA NOTA ADICIONAL

Outros poemas, desse mesmo período amazônico, como "Mãe-Febre", "Charco", "Cidade Selvagem", foram publicados provavelmente no *Almanaque* de *O Globo,* de Porto Alegre. Mas, deles, o autor não guardou nenhuma cópia. Apareceram, porém, traduzidos no mensário francês *Cahiers du Sud,* em junho de 1944. Recentemente,* figuraram numa antologia, de publicação patrocinada pela Unesco: *La Poesie brésilienne contemporaine.*

---

*É necessário lembrar que a edição original de *Vida e morte da Antropofagia* data de 1977, sendo, ainda, a compilação de textos publicados entre 1965-66. (*N. da E.*)

INVENTÁRIO DA ANTROPOFAGIA

A chefa do movimento foi Tarsila. Oswald ia na vanguarda, irreverente, naquele solecismo social de São Paulo. Foi elemento de resistência e agressão. Pôs a "Antropofagia" no cartaz, com uma técnica de valorização.

Tarsila, na sua simplicidade, semeava idéias. Queria um retorno ao Brasil, à sua ternura primitiva. A flecha antropofágica indicava uma nova direção.

— Vamos descer à nossa pré-história. Trazer alguma coisa desse fundo imenso, atávico. Catar os anais totêmicos. Remexer raízes da raça, com um pensamento de psicanálise. Desse reencontro com as nossas coisas, num clima criador, poderemos atingir uma nova estrutura de idéias. Solidários com as origens. Fazer um Brasil à nossa semelhança, de encadeamentos profundos.

Repete-se o homem da caverna. Vamos reunir uma geração. Fazer o nosso "Contrato Social". A mocidade está desencantada, perdendo tempo com esnobismos culturais. Secou a alma no cartesianismo. Para que Roma? Temos mistério em casa. A terra grávida. Vozes nos acompanham de longe. Arte não precisa de explicação.

O "nosso" Brasil começa lá adiante. Terra do sem-lhe-achar-fim, com áreas paradas. Caboclo vai acompanhando a linha de mato. Ficam para trás cidadezinhas descalças, fora do centro de gravidade, acocoradas nas abas dos morros. Casarões do velho Saint-Hilaire, com escravos enterrados nas paredes. As portas emperradas mugem.

Em sábados de bruxa, à noite, o "berra boi", com a encomendação das almas. "Creio em Deus Padre..."

Param moendas na área rural. O verão bebe o rio. Murcham as lavouras cansadas. Passa o cansaço, escorchando a terra, numa cumplicidade de sangues e incêndios. As vinganças se sucedem nas tocaias. A Idade Média continua.

Num povoado adiante, negro coroa-se de rei, à porta da igreja. Desfila o "bumba-meu-boi", como um balé de rua, adoçando um pouco a alma do Brasil.

Todo esse cozido geográfico, com dramas do sertão e heranças de mau-olhado, agita-se dentro das fronteiras antropofágicas. A floresta, em toda a sua brutalidade, gerando mundos mágicos. Árvores que emprenham moças. Cobra Grande vai se casar.

Os que iniciaram o movimento preocuparam-se em chamar a atenção para um Brasil diferente, num privilégio de descobrir coisas. Fixar meridianos para um novo *Diálogo das grandezas*. Roça de homens que se orgulhavam de engolir o seu semelhante! (Qualquer coisa de honroso para a nossa pré-história.)

A Arca antropofágica encalhou em São Paulo, com esse material a bordo. Urubu foi ver se as águas já tinham baixado. Não voltou mais. Houve imprevistos na descida. Os planos de reação e renovação ficaram num deixa-estar ou acomodaram-se em variantes cosmopolitas. A experiência brasileira do grupo perdeu o seu significado inicial.

IPERUNGAUA

"Nos tempos de antigamente... (principiava assim o *Genesis* dos nossos índios) só existia o sol e a Cobra Grande. Quando a Cobra Grande se acordou, sentiu que estava parida."

Esses versos instalam-se com uma formidável unidade no pensamento antropofágico. Sol permanente, imemorial, ultrabíblico, chocando as coisas. Sol macho: ponto de partida de tudo, cravando-se, com uma força telúrica, dentro da teogonia tupi.

Cobra Grande teve uma filha. Tão delicada e sozinha que fazia pena. Então procurou-se arranjar um noivo para a moça.

Note-se o índio como é simples. Dispensa investigações de paternidade. Não preocupou-se em explicar como apareceu o moço naqueles ambientes do Iperungaua. Deu mais atenção à festa do casamento. Sarau zoológico onde cabe todo o fabulário brasileiro.

> Veio o Jabuti pra tomar parte na festa. Veio o Sapo-Cururu. Compadre Camelião veio também. A Onça não pôde vir porque tinha emprestado os sapatos.

Essa narração indígena tem mais ternura que os versículos da Bíblia, relativos aos Sete Dias da Criação. Revela um sentimento generoso de Vida, a Vida coincidindo exatamente com o Homem. Zoofonias colaborando para o momento nupcial.

> Mas...
> Quando a festa se acabou, a moça ficou com vergonha de dormir com o noivo, porque naquele tempo ainda não havia Noite. Então resolveram mandar buscar a Noite, que estava escondida no fundo do mato, dentro de um caroço de tucumã.

Sente-se neste relato, de uma inocente simplicidade, maior vibração que nas páginas da Bíblia.

O Homem daqui tinha uma concepção religiosa, vivendo em carne própria. Para ele, no princípio, só existia o SOL. Sol que cozinhava a terra jovem, ainda encantada e bravia, e que abria caminhos para os rios soltos passarem.

A Noite, aqui, foi feita especialmente para o amor. Na hora em que os sexos gritaram, a moça ficou com vergonha de dormir com o noivo. Então, a Cobra Grande, conhecedora dos segredos, mandou buscar, de longe, a Noite, metida dentro de um caroço.

Esta página é de um alto relevo psicológico. Mostra o Homem umbigado à Terra. Movimentando a idéia religiosa dentro da sua Geografia. Dentro da totalidade que o rodeia.

Pelos livros mosaicos, logo após a instalação do Paraíso, apareceu a idéia do pecado, com cláusulas de proibição.

Mal tinha o Homem, em sua natural inexperiência, começado a saborear o fruto proibido, apareceu um Anjo, de espada em punho, com ordem de despejo, acovardando os inquilinos do Paraíso.

Entre nós não há disso. O Homem não desaderiu à Terra. Seu pensamento religioso foi construído com material humano. Dentro da linha biológica. Sem o sentimento de terror. Sem códigos de obediência. Musculou a idéia da origem com a impaciência dos sexos.

Quando os bichos, que foram buscar a Noite, abriram o fruto do tucumã, não houve punições, nem amedrontamentos. O caso foi simples. Teve uma reacomodação natural:

— Que barulhinho será esse dentro do caroço?

— Diz que é a Noite. Nós vamos levando a Noite de presente para a filha da Cobra Grande.

— Ah, mas eu não acredito.

— Quá, quá, quá, respondeu o Sapo. Isso é história...

Foi quando resolveram abrir o caroço. Então a Noite estourou que escureceu tudo. Minhocão deu um pulo, foi fazer casa no fundo do mato. Matim-Ta-Pereira fugiu: *Matim-Tatin-Tatá*. As florestas encheram-se de ruídos, atufadas de sombras, estalando, gritando, num bramido de vozes estranguladas.

Nessa noite grávida, de grandes alaridos, está toda a inquietação florestal do índio. O mato penetrando no sangue. Gritando no sangue.

Passa o Caapora, sacudindo as árvores. Fecham-se os horizontes beiçudos. Um pedaço da Noite entrou na barriga do Sapo.

O índio compreendeu a floresta. Espiava no escuro. Viu na lição das raízes a vitória dos músculos. Então solidarizou os instintos e armou-se para ser forte. Sentiu a vida na sua legítima expressão biológica.

A educação da selva, todas as forças anônimas da selva, foram preparando a sensibilidade do antropófago. Sem os prejuízos do monoteísmo.

(Publicado em 1928, em São Paulo e Manaus)

"BRASIL, CHOCA O TEU OVO..."

A descida antropofágica veio determinar uma estrutura nova do pensamento de hoje. Violenta e agressiva, mas necessária.

Não podíamos pretender um reajustamento com o que já existia.

Armistícios no sentido das conveniências do maior Número. Não. Foi preciso sair fora da caserna. Tomar posse da época. Meio a força. A pau. Fraturar o pensamento velho. Enfiar polpas moles no espeto. Dentro de uma clareira florestal. Entre alaridos e cauim. Como nos dias de festa grande. ANTROPOFAGICAMENTE.

Quem não está com o penacho da tribo não tem garantias. O nosso "Dia do Juízo" também chegou. Cunhambebe está pesando as almas. De uma a uma. Pau na cabeça.

....

Nós vamos é tomar pulso da terra; consultar a floresta. Enfrentar problemas que se confundem em medida; ajustá-los em outras proporções. Material de fora tem vistorias na aduana.

....

Estamos recrutando fatores postos à margem. Forças escondidas. Mal apalpadas. Que ainda não couberam no sistema métrico ocidental. Índio. Raça-alicerce. A que está em contato com a terra. Subjacente. Mas determinando as linhas do edifício.

(Publicado em 1928, em Manaus)

AMBIENTE LITERÁRIO EM 1922

Minha transferência para o Rio exigiu uma série de reajustamentos. O ambiente era diferente. O ritmo de vida se encadeava em preocupações de utilidade imediata. Ao contrário de ser como em Belém, cheia de emoções, ante a presença do grande rio e floresta, que escondiam profundidades, a vida no Rio dispersava-se num jogo de interesse frívolos. Procurei acomodar-me em adaptações lentas, num ambiente misturado e confuso. De começo, fui morar na Lapa. Era uma onda humana, ruidosa e insone, que se agitava nas suas ruelas, em marés noturnas. Mas logo depois mudei-me para uma zona mais tranqüila.

Eu ia, às vezes, a livrarias da rua do Ouvidor, para me informar discretamente do Movimento Modernista, que lançou os intelectuais em novas posições. De vez em quando, aparecia na casa do Álvaro Moreyra, onde em geral se comentava, com sensibilidade irônica, a efervescência modernista. A casa de Aníbal Machado era outro núcleo de debates, para sacudir o mofo das velharias literárias.

Mas a livraria Garnier era, sobretudo, o foco de vibração modernista, onde Graça Aranha pontificava. A sua inteligência, modelada em centros culturais estrangeiros, era dotada de uma dialética eficaz. Sem nenhuma dúvida, foi ele, com uma avidez de prestígio, de par com justas doses de vaidade pessoal, que abriu roteiro para transformações de idéias antiquadas, que ainda predominavam nas letras e nas artes. Atacou o Parnasianismo, que estava em pleno fastígio, com adeptos por todo o Brasil.

Graça vinha mostrando que essa escola estava fora do seu tempo. Era retardatária e vazia. O verso, trabalhando com exatidão métrica (a rima obrigatória, o hemistíquio, a chave de ouro), era meramente ornamental. A montagem habilidosa dos vocábulos, na construção do poema, apresentava somente um valor extrínseco.

Os parnasianos tinham gostos pelas exterioridades pomposas. Deleitavam-se com temas enfáticos (mármore pentélico etc.). Consagravam-se a um descritivismo inanimado, de cultura clássica, sem cor, com a frieza de estruturas formais, para lograr a imitação de modelos helênicos. Já era tempo de se substituírem os templos gregos e remexer o Brasil, nos seus enlaces profundos, para evitar uma estagnação de sensibilidade dos poetas jovens.

Toda essa agitação, em debates orais ou na imprensa, teve o mérito de acordar o Brasil do seu estado de marasmo nas letras. Desencadeou uma reação contra o mau gosto nas artes, contra o retoricismo que tinha fundas raízes na nossa vida cultural.

FASE DE FORMAÇÃO MODERNISTA

Nesse Movimento, de ruidosa confusão, resguardei-me numa posição tranqüila sem tomar parte em nada (embora algumas vezes apareça ainda citado, erroneamente, como um dos participantes da Semana). Minha contribuição, nesse sentido, foi quase nula. Também, nem senti que as idéias de maior vibração, nesse momento, tivessem exercido, em mim, qualquer influência. O que, a esse respeito, se poderia denominar de "fase de formação modernista" vinha já com raízes amazônicas.

DESAJUSTAMENTOS

Passado o ciclo acadêmico no Rio, e deixando de lado qualquer preocupação literária, encontrei-me numa fase insegura de transição para a vida prática. Amigos de influência política se ofereceram para arranjar um cargo de promotor público, numa cidadezinha de Minas (Turvo).

Vacilei na resposta. Comecei a pensar o que seria a minha experiência em função oficial desse gênero. Resolvi não aceitar. Preferi não contrariar as razões íntimas, continuando a me ajudar em ocupações de livre escolha, como ensaios em pequeno jornalismo, fora do gênero literário; também reportagens avulsas que combinava com Américo Facó, articulado ao grupo diretor de *O Globo*. Participei, por exemplo, da primeira caravana do Automóvel Clube, composta de uns vinte carros, até São Paulo, em caminhos quase inexistentes, incumbido de fazer a cobertura para esse vespertino.

Depois de algum tempo no Rio, comecei a sentir pequenos desajustamentos com o ambiente. Gastavam-se horas em conversas de café. O espírito se ressequia num jogo frívolo de coisas, sem alcance prático. Era difícil conciliar interesses pessoais, naquela engrenagenzinha cotidiana.

GRAÇA ARANHA

Um dia, obtive uns depoimentos avulsos sobre a vida numa região andina. Eu havia também lido uns livros sobre Santa Cruz de la Sierra. O nome soava bem. Comecei a acariciar a idéia de uma viagem ao Oeste, além das fronteiras, serra acima.

Propus, então, a Facó, fazer umas reportagens sobre essa região: populações apáticas, desalentadas, incrustadas ao meio áspero, como mineralóides. Procuraria trazer informações mais estudadas, sobre as diferentes culturas pré-incaicas (Tiuanaco etc.), com soberbos testemunhos arqueológicos, de uma civilização que perdeu o rumo.

Facó ouvia e não dizia nada. Mostrei que a reportagem que propunha era de um interesse jornalístico razoável. Poderia, também, fazer um balanço das forças que manobravam o país, ainda de estrutura feudal. O homem do altiplano, destemperado, indecifrável...

Facó quebrou a conversa. Tocou o meu ombro e pôs o assunto em outra posição.

— Olhe — disse-me ele. — O Graça Aranha está planejando, para breve, uma viagem ao rio das Mortes, na confluência do rio das Garças, região de garimpos, que está inteiramente sob o domínio do Morsbeck. Vai colher elementos para uma novela. Você poderia ser, para ele, uma ótima companhia. É uma zona selvagem, de enorme atração, onde o jogo da aventura é ganho pelos mais hábeis. Além disso, haveria um mútuo interesse na viagem, cada um com objetivos diferentes.

Alguns dias mais tarde, almoçávamos Facó, Graça Aranha e eu, num restaurante que existia no primeiro andar da Tabacaria Londres. A conversa durou algumas horas. Reexaminou-se o projeto da viagem, em seus detalhes práticos. Essa zona do Araguaia era um centro de convergência de arrivistas, à procura de fortuna fácil. Uma população movediça, sem raízes próprias, se agitava nesse fundo geográfico, onde se estava formando um vasto nucleamento de choupanas.

Facó mandou vir mais vinho. A conversa espichava-se num plano de imaginação, com a composição de cenários de novela: lavagens de cascalho à beira do rio; escassez de mulheres; casos de brigas, tiroteios. Depois a rancharia, sem luz à noite. Bordéis animando as madrugadas.

Rematamos a conversa da seguinte forma: eu iria primeiro a São Paulo, onde esperaria Graça, em data aprazada, para darmos início à excursão.

Combinamos endereços. Dois dias depois, tomei o trem e fui para a Paulicéia.

SÃO PAULO

VERDE-AMARELISMO

De chegada a São Paulo, tomei contato com velhos conhecidos. Em poucos dias, o círculo de minhas relações se foi alargando. Uma noite, fui levado à pensão da rua Luís Antônio, onde costumavam reunir-se os admiradores de Plínio Salgado.

Cassiano Ricardo e Menotti del Picchia compareciam, de vez em quando, às reuniões da pensão. Mantinham, sobretudo, uma curiosidade amorosa pelas coisas da Amazônia. Entusiasmavam-se com narrativas de folclore, que constituíam a área poética do Verde-Amarelismo.

Mas, o ponto central das conversas era invariavelmente o Brasil, no seu estado de inércia, com populações resignadas no interior. O país estava à espera de soluções, que dessem novos rumos aos seus destinos. Com o vinho Alvaralhão, que sempre havia, os comentários se animavam. Adquiriam, às vezes, um sentido polêmico, dando, assim, um aumento emocional nos debates. Remexiam-se dados históricos para explicar fatos sociais e suas implicações.

Renovava-se o nosso *Diálogo das grandezas.* Trazia-se à tona alguns heróis avulsos, salvos das cronologias. Bandeirantes esquecidos, que poderiam ser exaltados em rapsódias.

Uma vez, numa das leituras em voz alta, de um conto de Antônio Brandão de Amorim, eles "descobriram" a Anta.

— Nós somos gente-anta (Iandê tapira-mira).

A Anta era elemento genuinamente brasileiro que o grupo verde-amarelista procurava adotar como símbolo do seu Movimento. Constituiu, mais tarde, tema de um Manifesto, com um conteúdo de idéias que se prendiam às tendências de um movimento político, que Plínio tinha em elaboração.

CARTA

Um dia, pela manhã, recebi na minha pensão, à rua Almirante Jaceguai, uma carta de Graça Aranha, com data de 29 de setembro de 1926. Em três páginas manuscritas, o ás modernista me informava que a viagem planejada a Goiás não poderia ser realizada, devido ao movimento revolucionário que irrompera na região. Os transportes estavam inteiramente entregues às autoridades militares. O acesso era difícil. Não havia mais notícia de Morsbeck. Ele mesmo, Graça, tinha recebido conselhos de altas autoridades para desistir desse projeto.

A notícia constituiu para mim uma verdadeira ducha fria. Todo um esquema de aventuras, num cenário agitado, em plena selva, foi abaixo, num desmoronamento silencioso. Eu teria, agora, que reformular o plano anterior de Santa Cruz de la Sierra, mas já com a sensibilidade destemperada do antigo entusiasmo. Reli outra vez a carta. Num *post-scriptum,* Graça me dizia: "Em todo o caso, o rio dos garimpos já me deu um diamante: o da sua amizade."

Nesse mesmo dia, depois de algumas providências necessárias (mochilas, garrafa térmica etc.), dirigi-me ao centro da cidade, com a idéia de comprar uma passagem de trem para Corumbá. De Puerto Juarez, na fronteira boliviana, adjacências do pantanal, a viagem teria que ser continuada, até certo ponto, em lombo de boi, com todas as suas inconveniências. Era o que havia.

Nessas cogitações, descia eu vagarosamente a rua São Bento, quando, numa travessa que dava para a rua Líbero Badaró, ocorreu-me fazer uma rápida visita ao pessoal da Associação Paulista de Boas Estradas, pois, meses atrás, por ocasião da caravana do Automóvel Clube, do Rio, fazendo a cobertura para *O Globo,* havia mantido com eles excelente camaradagem.

ASSOCIAÇÃO PAULISTA DE BOAS ESTRADAS

Ao me avistarem na sala de espera, Derrom e Américo Neto, que dirigiam essa entidade, me deram um acolhimento cordialíssimo. Perguntaram o que é que eu, dessa vez, estava fazendo em São Paulo. Contei, em traços sumários, os meus planos.

— Mas o que vai você fazer nessa... La Sierra — indagou Derrom, engenheiro canadense, o homem-dínamo da Associação. — Se era um simples desejo de fazer viagens, por que, então, não viajar no carro "Bandeirante", da Associação, em missão de propaganda de boas estradas no nosso País?

Não foi preciso pensar muito. Percebi a significação prática do raide. Dia seguinte, de madrugada, em vez de tomar um trem da Noroeste, saímos, um mecânico e eu, rumo ao sul, num Studebaker.

Pegamos caminhos de carretas, intransitáveis em época de chuva. Trechos interrompidos se sucediam. Arranjavam-se juntas de bois para arrancar o carro dos atoleiros.

Depois de alguns dias, chegamos a Curitiba, passando o Tibagi pelas estradas de areia de Guarapuava. Na capital paranaense, fiz visitas às autoridades locais. Promovi reuniões e almoços. Dei entrevistas sobre as peripécias da viagem. Escrevi artigos para a imprensa local e também para jornais de São Paulo. Ao regressar, tendo Américo Neto quebrado a perna num acidente, Derrom pediu-me que tomasse conta do mensário, enquanto durasse aquele impedimento.

A tarefa era fascinante. Tudo fácil. Ambiente de trabalho sumamente agradável. Com o tempo, identifiquei-me com tarefas gerais da Associação. Não pensei mais em viagem à Bolívia. Constituímos, Derrom, Neto e eu, uma espécie de junta cordial, para discutir interesses da entidade, que se estendiam por uma rede de mais de sete mil sócios.

SUPERINTENDÊNCIA

O engenheiro Derrom, homem de visão e com um grande carinho pelo Brasil, tinha um programa ambicioso a realizar, em doses progressivas: sair do âmbito regional, para projetar, pelo resto do Brasil, as diretrizes básicas de um programa rodoviário, com esquemas técnicos facilmente realizáveis. Eu propus, então, transformarmos a revista em um semanário ilustrado, de formato tablóide, e com paginação esmerada e moderna. Teria uma penetração e atração maior que um mensário, pesado e caro.

Um dia, Derrom chamou-me na sua sala. Confidenciou-me que havia sido convidado para dirigir a fábrica de cimento Perus, nas imediações da capital e, por conseguinte, teria que afastar-se, em breve, dos encargos administrativos da Associação. Iria indicar, à Diretoria, o meu nome para substituí-lo na Superintendência.

Relutei, sinceramente, a princípio. Mas decidi aceitar ao ver que contava com o apoio integral de Américo Neto e outros elementos de tradição da casa.

AGÊNCIA BRASILEIRA

Américo Facó tinha realizado, no Rio, o seu velho projeto de estender pelo País uma rede de divulgação de notícias sob o nome de *Agência Brasileira*. Telefonou-me, um dia, que viria a São Paulo, acompanhado de Jaime Adour da Câmara, para estabelecer uma sucursal da mesma. Disse esperar contar, nesse período inicial de instalação, com a minha colaboração em horas que me sobrassem.

A Agência desenvolveu-se aos poucos, até criar as primeiras raízes na imprensa paulista. O fornecimento de matéria jornalística exigia um cuidado especial. Procurava-se abrandar as arestas de problemas políticos, que se refletiam no noticiário, de modo a atender o interesse comum dos jornais.

Com esse cuidado, após alguns meses a Agência começou a desfrutar de uma posição razoável. A sua sede, instalada num ponto central da cidade (rua Xavier de Toledo), foi se tornando um núcleo de reunião de intelectuais e de figuras políticas dos mais variados matizes. Entre os seus visitantes, apareciam elementos nitidamente trotskistas e também da linha socialista católica. Discutiam de tudo: materialismo histórico, André Gide, Proust, Mahatma Gandhi, Charles Chaplin.

Jaime Adour, bem informado das idéias gerais da época, às vezes provocava discretamente debates de assuntos que mais convinham ao ambiente. O sociólogo Luiz Moralis, Vice-diretor do Liceu Francês, tomava assiduamente parte nessas reuniões. Reservou no seu livro, de ampla prospecção social, *Un séjour aux États-Unis du Brésil* [Uma temporada nos Estados Unidos do Brasil], um capítulo sobre as idéias de vigor nacionalista, que se agitavam na Agência.

Os intelectuais da Paulicéia, interessados nos movimentos de vanguarda, mantinham os seus grupos. Manifestavam, em reuniões habituais, seus diferentes modos de ver em matéria literária, sob o signo modernista.

O esforço de compreender a sua época, suscitava debates. Provocava divergências. As discussões, em mesas de café, em redações de jornais, punham em evidência as inquietações do momento, relacionadas com questões de sentido social. Oswald de Andrade aparecia, de vez em quando, na Agência, para tomar parte em reuniões habituais. Avivava discussões fragmentárias no mesmo espírito buliçoso com que agitou a Semana de Arte Moderna, em 1922.

JORNAIS DO INTERIOR

Além das tarefas costumeiras da Agência Brasileira, tínhamos, em organização, um sistema de fornecimento de matéria a jornais de menor tiragem, no interior (cerca de 65 semanários e bissemanários), por uma troca, em espaço (centímetros de coluna), em convênio com empresas de publicidade. Junto aos condensados de interesse jornalístico, em geral, de uma "atualidade" mais duradoura, eram também distribuídas súmulas, excertos, citações de autores de vanguarda. Desse modo, na conquista da expressão própria, libertada de gramaticalismos inúteis, iam se desenvolvendo, pelos estados, formas embrionárias de renovação.

OSWALD DE ANDRADE

Oswald de Andrade, figura complexa, dispersiva, contraditória, não se reduz facilmente a um esquema biográfico. Suas experiências literárias o incitavam continuamente em busca de novos caminhos para as suas idéias. Na sua mocidade rebelde, de assinalada tendência xenófoba, apercebeu-se, aos poucos, das fontes ainda puras da nacionalidade. Passada a fase da Semana de Arte Moderna, concebeu as teorias antropofágicas, que agitaram os meios cultos de São Paulo. Seguiu-se depois de novas reformulações na vida literária, um período esquerdizante, de sentido social, envolvido confusamente em teorias trotskistas, mas sem articulações nos movimentos de massa. A última fase, em pleno declínio, já com doença na vista, acomodou suas idéias numa órbita filosófica. Refugiava-se nos livros, notadamente nas obras de Bachofen. A enfermidade e as desconfianças com a morte limitaram sensivelmente as suas atividades.

MANIFESTO ANTROPÓFAGO*

Só a Antropofagia nos une. Socialmente. Economicamente. Filosoficamente.

Única lei do mundo. Expressão mascarada de todos os individualismos, de todos os coletivismos. De todas as religiões. De todos os tratados de paz.

Tupi or not tupi that is the question.

---

*Publicado no primeiro número da *Revista de Antropofagia*, São Paulo, em maio de 1928.©Andrade, Oswald de. "Manifesto Antropófago." In: *A utopia antropofágica*. 3ª ed. São Paulo: Globo, 2001. p. 47-52.

Contra todas as catequeses. E contra a mãe dos Gracos.

Só me interessa o que não é meu. Lei do homem. Lei do antropófago.

Estamos fatigados de todos os maridos católicos suspeitosos postos em drama. Freud acabou com o enigma mulher e com outros sustos da psicologia impressa.

O que atrapalhava a verdade era a roupa, o impermeável entre o mundo interior e o mundo exterior. A reação contra o homem vestido. O cinema americano informará.

Filhos do sol, mãe dos viventes. Encontrados e amados ferozmente, com toda a hipocrisia da saudade, pelos imigrados, pelos traficados e pelos touristes. No país da cobra grande.

Foi porque nunca tivemos gramáticas, nem coleções de velhos vegetais. E nunca soubemos o que era urbano, suburbano, fronteiriço e continental. Preguiçosos no mapa-múndi do Brasil.

Uma consciência participante, uma rítmica religiosa.

Contra todos os importadores de consciência enlatada. A existência palpável da vida. E a mentalidade pré-lógica para o sr. Lévy-Bruhl estudar.

Queremos a Revolução Caraíba. Maior que a Revolução Francesa. A unificação de todas as revoltas eficazes na direção do homem. Sem nós a Europa não teria sequer a sua pobre declaração dos direitos do homem.

A idade do ouro anunciada pela América. A idade de ouro. E todas as girls.

Filiação. O contato com o Brasil Caraíba. *Où Villegaignon print terre.* Montaigne. O homem natural. Rousseau. Da Revolução Francesa ao Romantismo, à Revolução Bolchevista, à Revolução Surrealista e ao bárbaro tecnizado de Keyserling. Caminhamos.

Nunca fomos catequizados. Vivemos através de um direito sonâmbulo. Fizemos Cristo nascer na Bahia. Ou em Belém do Pará.

Mas nunca admitimos o nascimento da lógica entre nós.

Contra o Padre Vieira. Autor do nosso primeiro empréstimo, para ganhar comissão. O rei-analfabeto dissera-lhe: ponha isso no papel mas sem muita lábia. Fez-se o empréstimo. Gravou-se o açúcar brasileiro. Vieira deixou o dinheiro em Portugal e nos trouxe a lábia.

O espírito recusa-se a conceber o espírito sem corpo. O antropomorfismo. Necessidade da vacina antropofágica. Para o equilíbrio contra as religiões de meridiano. E as inquisições exteriores.

Só podemos atender ao mundo orecular.

Tínhamos a justiça codificação da vingança. A ciência codificação da Magia. Antropofagia. A transformação permanente do Tabu em totem.

Contra o mundo reversível e as idéias objetivadas. Cadaverizadas. O stop do pensamento que é dinâmico. O indivíduo vítima do sistema. Fonte das injustiças clássicas. Das injustiças românticas. E o esquecimento das conquistas interiores.

Roteiros. Roteiros. Roteiros. Roteiros. Roteiros. Roteiros. Roteiros.

O instinto Caraíba.

Morte e vida das hipóteses. Da equação *eu* parte do *Cosmos* ao axioma *Cosmos* parte do *eu*. Subsistência. Conhecimento. Antropofagia.

Contra as elites vegetais. Em comunicação com o solo.

Nunca fomos catequizados. Fizemos foi Carnaval. O índio vestido de senador do Império. Fingindo de Pitt. Ou figurando nas óperas de Alencar cheio de bons sentimentos portugueses.

Já tínhamos o comunismo. Já tínhamos a língua surrealista. A idade de ouro.

Catiti Catiti
Imara Notiá
Notiá Imara
Ipeju.*

A magia e a vida. Tínhamos a relação e a distribuição dos bens físicos, dos bens morais, dos bens dignários. E sabíamos transpor o mistério e a morte com o auxílio de algumas formas gramaticais.

Perguntei a um homem o que era o Direito. Ele me respondeu que era a garantia do exercício da possibilidade. Esse homem chamava-se Galli Mathias. Comi-o.

Só não há determinismo onde há mistério. Mas que temos nós com isso?

---

*"Lua Nova, ó Lua Nova, assopra em fulano lembranças de mim." In: *O selvagem*, de Couto Magalhães.

Contra as histórias do homem, que começam no cabo Finisterra. O mundo não datado. Não rubricado. Sem Napoleão. Sem César.

A fixação do progresso por meio de catálogos e aparelhos de televisão. Só a maquinaria. E os transfusores de sangue.

Contra as sublimações antagônicas. Trazidas nas caravelas.

Contra a verdade dos povos missionários, definida pela sagacidade de um antropófago, o visconde de Cairu:
— É mentira muitas vezes repetida.

Mas não foram cruzados que vieram. Foram fugitivos de uma civilização que estamos comendo, porque somos fortes e vingativos como o Jabuti.

Se Deus é a consciência do Universo Incriado, Guaraci é a mãe dos viventes. Jaci é a mãe dos vegetais.

Não tivemos especulação. Mas tínhamos adivinhação. Tínhamos Política que é a ciência da distribuição. E um sistema social-planetário.

As migrações. A fuga dos estados tediosos. Contra as escleroses urbanas. Contra os Conservatórios e o tédio especulativo.

De William James a Voronoff. A transfiguração do Tabu em totem. Antropofagia.

O pater familias e a criação da Moral da Cegonha: Ignorância real das coisas + falta de imaginação + sentimento de autoridade ante a prole curiosa.

É preciso partir de um profundo ateísmo para se chegar à idéia de Deus. Mas o caraíba não precisava. Porque tinha Guaraci.

O objetivo criado reage como os Anjos da Queda. Depois Moisés divaga. Que temos nós com isso?

Antes dos portugueses descobrirem o Brasil, o Brasil tinha descoberto a felicidade.

Contra o índio de tocheiro. O índio filho de Maria, afilhado de Catarina de Médicis e genro de d. Antônio de Mariz.

A alegria é a prova dos nove.

No matriarcado de Pindorama.

Contra a Memória fonte do costume. A experiência pessoal renovada.

Somos concretistas. As idéias tomam conta, reagem, queimam gente nas praças públicas. Suprimamos as idéias e as outras paralisias. Pelos roteiros. Acreditar nos sinais, acreditar nos instrumentos e nas estrelas.

Contra Goethe, a mãe dos Gracos, e a Corte de d. João VI.

A alegria é a prova dos nove.

A luta entre o que se chamaria Incriado e a Criatura — ilustrada pela contradição permanente do homem e o seu Tabu. O amor cotidiano e o modus vivendi capitalista. Antropofagia. Absorção do inimigo sacro. Para transformá-lo em totem. A humana aventura. A terrena finalidade. Porém, só as puras elites conseguiram realizar a antropofagia carnal, que traz em si o mais alto sentido da vida e evita todos os males identificados por Freud, males catequistas. O que se dá não é uma sublimação do instinto sexual. É a escala termométrica do instinto antropofágico. De carnal, ele se torna eletivo e cria a amizade. Afetivo, o amor. Especulativo, a ciência. Desvia-se e transfere-se. Chegamos ao aviltamento. A baixa antropofagia aglomerada nos pecados de catecismo — a inveja, a usura, a calúnia, o assassinato. Peste dos chamados povos cultos e cristianizados, é contra ela que estamos agindo. Antropófagos.

Contra Anchieta cantando as onze mil virgens do céu, na terra de Iracema — o patriarca João Ramalho fundador de São Paulo.

A nossa independência ainda não foi proclamada. Frase típica de d. João VI: — Meu filho, põe essa coroa na tua cabeça, antes que algum aventureiro o faça! Expulsamos a dinastia. É preciso expulsar o espírito bragantino, as ordenações e o rapé de Maria da Fonte.

Contra a realidade social, vestida e opressora, cadastrada por Freud — a realidade sem complexos, sem loucura, sem prostituições e sem penitenciárias do matriarcado de Pindorama.

Oswald de Andrade
Em Piratininga
Ano 374 da Deglutição do Bispo Sardinha.

TUPY OR NOT TUPY, AINDA A QUESTÃO*

MARIA AMÉLIA MELLO

Afastado da assim chamada vida literária e dispensando as "honras naturais do ofício", Raul Bopp viu-se envolvido por dois acontecimentos importantes para a poesia brasileira.

O primeiro, mais ligado aos acontecimentos poéticos da década de 1920 e que marcaram bastante nossos rumos, é a comemoração dos 50 anos da *Revista de Antropofagia*, cujo número 1 saiu em maio de 1928. O segundo, embora mais afetivo, traz em si um caráter igualmente histórico, pois às vésperas dos 80 anos o autor de *Cobra Norato*, companheiro de Oswald de Andrade e de tantos outros nomes importantes do Movimento Modernista,

*Publicado no suplemento Livro: Guia semanal de idéias e publicações, *Jornal do Brasil*, nº 86, 25 de maio de 1978.

comenta que está "um pouco abatido devido a uma infecção renal que me prendeu à cama" e disposto a esclarecer alguns pontos de nossos momentos modernistas. Ainda no ano passado, lançou *Vida e morte da Antropofagia*, livro de testemunho e depoimento sobre o assunto.

Lamentando o corre-corre da vida de hoje, "acabou-se o tempo dos cafezinhos e dos pontos de encontro", prefere ficar em casa, "vendo uma coisinha ou outra". Seu nome foi várias vezes lembrado para a Academia Brasileira de Letras, mas ele faz questão de esclarecer: "Eu entendo a Academia como um dos grandes centros culturais do país. Tenho muitos amigos lá, mas posso afirmar com sinceridade que eu nunca, em tempo algum, tive a idéia de me candidatar à ABL. É uma simples questão de temperamento."

Nascido em Santa Maria, Rio Grande do Sul, com menos de um ano Bopp foi levado para Tupanciretã, cidade da fronteira gaúcha. Cedo descobriu que "havia muita coisa para se ver no mundo" e aos 16 anos, resolveu sair de casa. E assim ficou, como descreveu o crítico Mário da Silva Brito: "nômade e andarilho desde jovem, nunca se sabe onde ele está..." Da fronteira, seguiu a cavalo até o Paraguai. Depois Mato Grosso e, um pouco mais velho, já na Faculdade de Direito, viajou de Porto Alegre a Recife. De Belém ao Rio de Janeiro. Por estes caminhos, exerceu as mais diferentes e surpreendentes profissões: de jornalista a pintor de paredes; de professor primário a secretário do Conselho Federal do Comércio Exterior e, finalmente, diplomata. Desde 1966, aposentado como embaixador, vive no Rio com sua mulher, lendo, descansando, assistindo novela. "Eu que não gostava de ver novela, fui conquistado pelo 'O Astro', que é um trabalho muito bem feito." De vez em quando, vai ao "Sabadoyle", reunião de amigos e escritores na casa de Plínio Doyle. "Só vou porque é uma reunião informal de velhos amigos. Lá fala-se de tudo, até de poesia", comentou rindo.

Bopp participou do Movimento Antropofágico e, ao lado de Oswald de Andrade, Oswaldo Costa, Antônio de Alcântara Machado, lançou a *Revista de Antropofagia*. Com obra poética relativamente pequena, é autor de um dos mais belos e significativos poemas da língua portuguesa — "Cobra Norato". Opinião de Carlos Drummond de Andrade: "... é possivelmente o mais brasileiro de todos os poemas brasileiros, escritos em qualquer tempo." No dizer de Manuel Bandeira: "... uma visão de um mundo paludial e como que ainda em gestação."

"Esbocei o poema em 1921, quando estava na Amazônia. Algum tempo depois, parti para São Paulo e levei os originais dentro da mala. Somente em 1927, quando fui acolhido por Oswald e Tarsila é que pensei em retocar um ou outro verso. O poema andou de mão em mão, ainda datilografado, entre os companheiros. E, em 1931, por iniciativa destes amigos, publicava-se *Cobra Norato*."

As viagens pela Amazônia marcaram a vida de Raul Bopp. "Pode-se, inclusive, dividir a minha poesia em duas fases: a pré-amazônica e a pós. Lá se ouviam casos e estórias sobre os mistérios da região, falavam da cobra grande, temiam as doenças e a imensidão do mato. Isto tudo ficou em mim. Recebi também a influência de Antonio Brandão de Amorim, que usava muito os diminutivos dos verbos, recurso que eu incorporei e usei na *Cobra*. Lembro-me de frases como esta: 'fulano brinca de marido com a mulher dos outros.' São os ditos populares, o folclore. Isto é a minha alma, a alma dos meus livros."

Mas os seus próprios casos, uns vividos a muitos quilômetros de distância de nossas fronteiras, são igualmente curiosos. No mar de Mármara, tentou entrevistar Trotsky, que acabou não o recebendo, alegando sua posição de asilado político na Turquia. No Japão, aparentemente sem explicações lógicas, foi convidado para um jantar que, entre os presentes, estava uma das figuras mais importantes da nação — Toyama, chefe da seita do Dragão Negro. Fez questão de pisar no deserto de Gobi, pois "ali estava a verdadeira Ásia, autêntica, resignada e esquecida". Mas, de todas estas voltas, "a maior volta ao mundo que dei foi na Amazônia", escreveu certa vez.

Data da Semana de Arte Moderna, em 1922, Bopp estava no Rio e, assim, não participou pessoalmente dos acontecimentos audaciosos no Teatro Municipal de São Paulo.

"Eu estava de longe, vendo tudo o que havia. Era como se observasse de binóculos. A minha colaboração no Movimento Modernista foi apenas de divulgação, já que trabalhava, nessa época, na Agência Brasileira. Mandava pequenas citações dos modernistas para os jornais. Eram trechos que causavam impacto no público."

O Movimento Modernista produziu várias revistas entre as quais *Klaxon* (SP, 1922), *Estética* (RJ, 1924), *A Revista* (BH, 1925), *Novíssima* (SP, 1926), *Verde* (Cataguases, 1927), *Festa* (RJ, 1927).

Foi no ano de 1928, data crucial na nossa história literária, que as propostas esboçadas em 1924 por Oswald de Andrade, no Manifesto da Poesia Pau-Brasil, espécie de primeiro sinal de alerta no sentido da radicalização, vingaram. No estudo introdutório para edição fac-símile, às vésperas do crack do 1929 e da crise do café, foram publicadas obras como: *Retrato do Brasil*, de Paulo Prado, *Macunaíma*, de Mário de Andrade, *Martim Cererê*, de Cassiano Ricardo, *A Bagaceira*, de José Américo de Almeida. Naquele período de ebulição — política e literária — Oswald de Andrade lançava o Manifesto Antropófago que, entre outras postulações, lutava "Contra a Memória fonte do costume. A experiência pessoal e renovada".

Dividida em duas fases, ou como chamaram seus fundadores, "duas dentições", a revista lançou dez números até fevereiro de 1929, ao preço de 500 réis o exemplar.

"O nome surgiu por acaso. Uma noite, Tarsila e Oswald resolveram levar um grupo que freqüentava o solar a um restaurante lá pelas bandas de Santa Ana. Especialidades: rãs! Quando, entre aplausos, chegou a comida, Oswald levantou-se e começou a fazer o elogio da rã, uma blague, para explicar a teoria da evolução das espécies. Tarsila interveio: 'Somos quase antropófagos.' E, entre outras tiradas, Oswald proclamou: 'Tupy or not tupy, that's the question.' Tarsila pintou, logo depois, um quadro e o batizou de *O Antropófago*. A partir daí, Oswald propôs desencadear um movimento de reação genuinamente brasileiro", explicou Bopp.

Na fase inicial, o movimento tinha sobretudo um caráter de burla, de blague. "Dava lições de desrespeito aos canastrões das Letras. Fazia inventário da massa falida de uma poesia bobalhona e sem significado", continua Bopp. Mas ainda nessa primeira fase, apareceram os poemas "No meio do caminho", de Carlos Drummond, e "Noturno da rua da Lapa", de Manuel Bandeira. E veio a "segunda dentição", devido a divergências nos pontos de vista, em março de 1929. Saíram 16 números no jornal *Diário de São Paulo*, com o apoio de Rubens do Amaral. Conforme escreveu o bibliófilo Plínio Doyle: "A revista apresentava nessa fase várias curiosidades — denominava-se 'segunda dentição'; foi órgão do Clube de Antropofagia, passando depois a ser órgão da Antropofagia Brasileira de Letras; seu diretor tinha o título de 'açougueiro'."

Mas a irreverência não parava por aí. "Os dentes são mais afiados" e as críticas, mais abertas. Com seus nomes, ou utilizando-se de pseudônimos gaiatos, assinavam notas e artigos que feriam os bons andamentos das manifestações literárias de então: Cunhambebinho, Guilherme Torre de Marfim, Freuderico, Marxilar, Piripipi, Jacó Pum Pum, Jacó Pim Pim (o próprio Bopp), Seminarista Voador, entre tantos outros. É também nessa fase que ganha "dinamicidade comunicativa" e a "linguagem simultânea e descontínua dos noticiários foi explorada ao máximo", "um contrajornal dentro do jornal", escreveu Augusto de Campos.

O ponto de reunião era a rua Piracicaba, casa de Oswald e Tarsila. "Lá os poetas encontravam sempre um papo, uma companhia. Já na rua Lopes Chaves, onde vivia Mário de Andrade, o clima era mais sisudo, o ar mais solitário", comentou Bopp.

"Oswald era dispersivo em suas idéias. Figura polêmica, contraditória, capaz de comprar uma discussão pelo simples prazer de polemizar. Era um tipo mais aberto. Já Mário, não. Quando se deu a Antropofagia, ano de lançamento de *Macunaíma*, havia um ponto comum em suas idéias, planos ferozmente nacionalistas. Oswald insistiu para que Mário integrasse o movimento, mas parece que o autor de *Paulicéia desvairada* preferia continuar fazendo sua literatura sozinho. Desentendimentos, talvez, de palavras. Mas nunca foram inimigos. Afastaram-se apenas."

Devido a este "feroz nacionalismo", alguns escritores apontaram uma espécie de "chauvinismo intelectual", comparando o grupo de Oswald às postulações teóricas do Verde-Amarelo. A realidade era outra, e colaboradores da *Revista de Antropofagia* trabalhavam para restabelecer uma linha mais radical, reativar o movimento de 1922. Sobre os modernistas, escreviam: "Empalhados como pássaros de museu, vivem agora nas estantes acadêmicas, purgando o remorso da Semana de Arte Moderna." Em seguida, vinha um conselho antropófago: "A rapaziada deve se prevenir contra a mistificação. Deve reagir a pau."

"A minha participação", explicou Bopp, "foi mais no sentido de divulgação da revista, de estabelecer contatos, solicitar matérias, colaborações, realizar um trabalho editorial. A revista era uma espécie de cartão de visita para todo o intelectual do Brasil. Era uma coisa nova, moderna, radical, ousada, diferente do que se publicava na época. Nosso público era muito restrito e contávamos ainda com problemas de distribuição. Fazendo 'vaquinha', pagávamos a impressão da revista e os exemplares seguiam pelo correio, por aí afora. Mas ela não teve uma grande repercussão na imprensa, apenas as notinhas de praxe."

Para a "terceira dentição", programou-se o I Congresso Mundial de Antropofagia, que seria realizado em Vitória. Era idéia do grupo organizar uma "bibliotequinha antropofágica", reunindo material, teses e ensaios sobre o assunto. Resolveu-se que o primeiro volume da série ia ser *Macunaíma,* e também *Cobra Norato* foi incluído nessa relação. A data do Congresso ficou marcada para 11 de outubro, último dia de América livre. A 12 de outubro de 1492, como se sabe, o europeu desembarcou no novo mundo.

A irreverência acirrava-se na revista. Escreviam com todas as letras tudo o que pensavam. De Graça Aranha: "O acadêmico carioca é um homem confuso e sem espírito, cuja inteligência inutilmente se esforça em atrapalhar todas as noções conhecidas, todas as noções copiadas." De Mário de Andrade: "O nosso Miss São Paulo traduzido no masculino." De Tasso da Silveira, integrante da revista *Festa*: "Vanguarda que marcha com mil precauções para não estragar os sapatos." De Menotti del Picchia: de "Le Menotti del Piccollo" a "a Tosca do nosso analfabetismo literário".

Por estes caminhos malcriados e insubmissos, atacavam intelectuais estabelecidos. Mas as "piadas" já estavam indo longe demais. Desagradavam a todos. Até que numa quinta-feira, a 14 de abril de 1929, em seu quinto número, entre uma ironia e outra, a página antropofágica do *Diário de São Paulo* publicou, em destaque, uma citação do Novo Testamento: "Em verdade, se fizerdes o que vos digo, no Dia do Juízo estareis comigo no Paraíso." A citação levava o seguinte título: SUBORNO. Rubens do Amaral perdeu a calma. Pediu para acabar definitivamente com a página. Cresciam as devoluções de jornais, em protesto contra as "irreverências antropofágicas". Embora com sua sentença de morte decretada, a página saiu até o número 15, datado de 1º de agosto do mesmo ano.

Não bastassem a irreverência e as tiradas sarcásticas do grupo — "sentiu-se um primeiro sintoma de afrouxamento de interesse pelos temas que seriam estudados para o Congresso de Vitória" — "a libido entrou, de mansinho, no paraíso antropofágico". E Bopp conclui: "Após o *changé des dames* geral, os amigos da Antropofagia foram-se afastando. Oswald desapareceu. Foi viver seu novo romance numa beira de praia em Santos."

Apesar das revelações de bastidores e do encerramento do grupo como movimento ativo, as idéias postuladas e veiculadas na revista continuam despertando interesse para novos estudos. Opinião do crítico Benedito Nunes:

"Toda vez que vem à tona, o cadáver de Oswald de Andrade assusta." Para Augusto de Campos, "o grande pecado de Oswald parece mesmo o de ter escrito em português. Tivesse ele escrito em inglês ou francês, quem sabe até em espanhol, e a sua Antropofagia já teria sido entronada na constelação de idéias de pensadores tão originais e inortodoxos como McLuhan, John Cage, entre outros".

A Antropofagia "salvou o sentido do modernismo", afirmou certa vez o próprio Oswald de Andrade.

Este livro foi impresso nas oficinas da
DISTRIBUIDORA RECORD DE SERVIÇOS DE IMPRENSA S.A.
Rua Argentina, 171 – Rio de Janeiro, RJ
para a EDITORA JOSÉ OLYMPIO LTDA.
em dezembro de 2008.
*
77° aniversário desta Casa de livros, fundada em 29.11.1931